A voragem da expressão

FUNDAÇÃO EDITORA DA UNESP

Presidente do Conselho Curador
Mário Sérgio Vasconcelos

Diretor-Presidente / Publisher
Jézio Hernani Bomfim Gutierre

Superintendente Administrativo e Financeiro
William de Souza Agostinho

Conselho Editorial Acadêmico
Luís Antônio Francisco de Souza
Marcelo dos Santos Pereira
Patricia Porchat Pereira da Silva Knudsen
Paulo Celso Moura
Ricardo D'Elia Matheus
Sandra Aparecida Ferreira
Tatiana Noronha de Souza
Trajano Sardenberg
Valéria dos Santos Guimarães

Editores-Adjuntos
Anderson Nobara
Leandro Rodrigues

Francis Ponge

A voragem da expressão

Tradução e notas
Jorge Coli

editora
unesp

Título original: *La rage de l'expression*

© 1976 Éditions Gallimard, Paris
© 2024 Editora Unesp

Direitos de publicação reservados à:
Fundação Editora da Unesp (FEU)
Praça da Sé, 108
01001-900 – São Paulo – SP
Tel.: (0xx11) 3242-7171
Fax: (0xx11) 3242-7172
www.editoraunesp.com.br
www.livrariaunesp.com.br
atendimento.editora@unesp.br

Dados Internacionais de Catalogação na Publicação (CIP) de acordo com ISBD
Elaborado por Vagner Rodolfo da Silva – CRB-8/9410

P796v	Ponge, Francis
	A voragem da expressão / Francis Ponge ; traduzido por Jorge Coli. – São Paulo: Editora Unesp, 2024.
	Tradução de: *La Rage de l'expression*
	ISBN: 978-65-5711-250-2
	1. Literatura. 2. Poesia. 3. Teoria literária. 4. Francis Ponge. 5. Poesia em prosa. 6. Crítica literária. I. Coli, Jorge. II. Título.
2024-2779	CDD 811 CDU 82-1

Editora afiliada:

Sumário

7 . Margens do Loire

11 . A vespa

23 . Notas tomadas para uma ave

41 . O cravo

57 . A mimosa

75 . O pequeno caderno do pinhal

    77 . A assembleia deles

    77 . O prazer dos pinhais

    90 . Formação de um abscesso poético

    105 . Tudo isso não é sério

117 . Apêndice a "O pequeno caderno do pinhal"

    119 . I. Páginas bis

    123 . II. Correspondência

131 . La Mounine ou Notas posteriores sobre um céu da Provença

MARGENS DO LOIRE

Margens do Loire

Roanne, 24 de maio de 1941

Que de ora em diante, nada me faça retroceder em minha determinação: não sacrificar o objeto de meu estudo ao destaque de algum achado verbal que eu tenha feito a seu respeito, nem no arranjo em poema de vários desses achados.

Voltar sempre ao próprio objeto, ao que ele tem de bruto, de *diferente*: diferente em particular daquilo que eu já (nesse momento) escrevi dele.

Que meu trabalho seja o de uma retificação contínua de minha expressão (sem preocupação *a priori* da forma dessa expressão) em favor do objeto bruto.

Assim, escrevendo *sobre* o Loire de um lugar nas margens desse rio, ali deverei remergulhar incessantemente meu olhar, meu espírito. Cada vez que ele tiver *embatucado*[1] diante de uma expressão, remergulhá-lo na água do rio.

---

[1] Ponge emprega o verbo *sécher* que quer dizer "secar" e também, na linguagem familiar, "ficar sem resposta". Ele põe itálicos na palavra, para assinalar o registro familiar da expressão, e opõe secar e mergulhar. (Salvo quando indicado, as notas são do tradutor.)

Reconhecer o direito maior do objeto, seu direito imprescritível, incompatível com qualquer poema... Nenhum poema está isento de apelo à pena mínima por parte do objeto do poema, nem de queixa por contrafação.

O objeto é sempre mais importante, mais interessante, mais capaz (cheio de direitos): ele não tem dever algum para comigo, sou eu quem tem todos os deveres a seu respeito.

O que as linhas precedentes não dizem o suficiente: *em consequência*, nunca parar na forma *poética* – esta *devendo*, entretanto, ser utilizada num momento de meu estudo porque dispõe de um jogo de espelhos que pode fazer surgir certos aspectos do objeto que permaneceram obscuros. O entrechoque das palavras, as analogias verbais são *um* dos meios de escrutar o objeto.

Nunca tentar *arranjar as coisas*. As coisas e os poemas são irreconciliáveis.

Trata-se de saber se se quer fazer um poema ou prestar contas de uma coisa (com a esperança de que o espírito ganhe nisso, de que ele dê, a seu respeito, algum passo novo).

É o segundo termo da alternativa que meu gosto (um gosto violento das coisas, e dos progressos do espírito) me faz escolher sem hesitação.

Minha determinação está tomada, portanto...

Pouco me importa depois disso que se queira chamar poema aquilo que vai resultar. Quanto a mim, a menor suspeita de ramerrame poético me adverte apenas que estou entrando na ciranda, e provoca o arranque para sair dela.

A VESPA

A Jean-Paul Sartre
e Simone de Beauvoir

A VESPA

Himenóptero de voo felino, dúctil – aliás, de aparência tigrada –, cujo corpo é muito mais pesado do que o do mosquito e as asas, no entanto, relativamente menores, mas vibrantes, e sem dúvida muito intensificadas, a vespa vibra a cada instante vibrações necessárias à mosca que se acha numa posição ultracrítica (para se livrar do mel ou do papel mata-moscas, por exemplo).

Ela parece viver num estado de crise contínua que a torna perigosa. Uma espécie de frenesi ou de desatino – que a torna tão brilhante, zumbidora, musical, quanto uma corda muito retesa, muito vibrante e, portanto, queimante ou picante, o que torna seu contato perigoso.

Ela bombeia com fervor e arranques. Na ameixa violeta ou caqui, é bonito de ver: de verdade, um pequeno aparelho extirpador particularmente aperfeiçoado, no ponto. Por isso, não é o ponto formador do raio de ouro que amadurece, mas o ponto formador do raio (de ouro e de sombra) que conquista o resultado do amadurecimento.

Melada, soalheira; transportadora de mel, de açúcar, de calda; hipócrita e hidromélica. A vespa na beirada do prato ou da xícara mal enxaguada (ou do vidro de geleia): uma atração irresistível. Que tenacidade no desejo! Como são feitas uma para a outra! Uma verdadeira magnetização de açúcar.

*

Analogia da vespa e do bonde elétrico. Algo de mudo no repouso e de cantador quando em ação. Algo também de um trem curto, com primeiras classes e segundas, ou antes, locomotiva e vagões abertos. E trole crepitante. Crepitante como uma fritura, uma química (efervescente).

E se toca, pica. Bem diferente de um choque mecânico: um contato elétrico, uma vibração venenosa.

Mas seu corpo é mais mole – quer dizer, em suma, mais finamente articulado – seu voo mais caprichoso, imprevisto, perigoso do que o andamento retilíneo dos bondes determinado pelos trilhos.

*

Um pequeno sifão ambulante, um pequeno alambique com rodas e com asas como aquele que se desloca nos campos, de chácara em chácara, durante certas estações do ano, uma pequena cozinha voadora, um pequeno veículo da limpeza pública: a vespa se parece, em suma, com esses carros que se alimentam a si próprios e fabricam alguma coisa durante o caminho, tanto que a aparição deles comporta um elemento certo de maravilhoso, porque sua razão de ser não é apenas se deslocar, ou transportar, mas eles têm uma atividade íntima, geralmente bastante misteriosa. Bastante complexa. É o que se chama ter uma vida interior.

... Um caldeirão voador de geleias, hermeticamente fechado, mas mole, o traseiro pesado, basculante ao voar.

*

Era bem necessário, para classificar as espécies, tomá-las por algum lugar, parte ou membro, e ainda por um lugar bem solidamente amarrado a elas para que não se separe delas a não ser quando é apreendido, ou que, separando-se permita pelo menos, por si só, de reconhecê-las. Por isso, escolheu-se a asa dos insetos. Talvez com razão, não sei nada a respeito, e não juraria de jeito nenhum.

Himenóptero, seja como for, a propósito das vespas, não é tão ruim. Não que o hímen das mocinhas se pareça muito, a bem dizer, com a asa das vespas. Aparentemente por outras razões: aí está uma palavra abstrata, que retira o que tem de concreto de uma língua morta. Pois bem, na medida em que o concreto é um abstrato naturalizado, diafanizado – ao mesmo tempo afetado e tenso, pretensioso, doutoral –, está aí o que convém bastante às asas das vespas...

... Mas não avançarei muito mais longe nessa direção.

*

O que me dizem? Que ela deixa seu dardo em sua vítima e que morre disso? Seria uma boa imagem para a guerra que não compensa.

Ela precisa, então, evitar todo contato. No entanto, quando o contato ocorre, a justiça imanente fica então satisfeita: pela punição das duas partes. Mas a punição parece mais severa para a vespa, que morre sem remédio. Por quê? Porque cometeu o erro de considerar o contato como hostil, e imediatamente se pôs numa ira defensiva, foi que ela feriu. Demonstrando uma suscetibilidade exagerada (por consequência do medo, da sensibilidade excessiva sem dúvida… mas, para as circunstâncias atenuantes, ai! – já é muito tarde). É, portanto, evidente, repitamos, que a vespa não tem interesse algum em encontrar um adversário, que ela deve, antes, evitar todo contato, fazer desvios e ziguezagues necessários para tanto.

*

"Eu me conheço", ela diz para si mesma: "se eu me entrego, a menor disputa se tornará algo de trágico: não me conhecerei mais. Entrarei num frenesi: vocês me enojam demais, vocês são diferentes demais de mim.

"Só conheço os argumentos extremos, as injúrias, os golpes – o golpe de espada fatal.

"Prefiro não discutir.

"Estamos muito longe da conta.

"Se porventura eu aceitasse o menor contato com as pessoas, se um dia eu fosse obrigada à sinceridade, se eu precisasse dizer o que penso!… Eu deixaria nisso a minha vida junto com a minha resposta – meu dardo.

"Então, que me deixem tranquila; eu suplico: não vamos discutir. Deixem-me no meu ramerrão, fiquem com os de vocês. Na minha atividade sonambúlica, na minha vida interior. Adiemos tanto quanto possível qualquer explicação…"

Nisso, ela recebe um tapinha – e cai imediatamente: agora é só esmagá-la.

*

Suscetível também, talvez, por causa do caráter tão precioso, precioso demais, da carga que ela leva embora: que *merece* seu frenesi.

... Da consciência de seu valor.

*

Mas esse estupor que pode perdê-la (um tapa, e ela cai por terra) pode também, se não a salvar, pelo menos prolongar curiosamente sua vida.

A vespa é tão estúpida – digo isso em bom sentido – que, se a cortamos em dois, ela continua a viver, leva dois dias para compreender que está morta. Continua a se agitar. Ela se agita mesmo mais do que antes.

Eis o cúmulo da estupefação *preventiva*. Um cúmulo também no desafio.

*

Enxame: de *exagmen*, de *ex agire*: empurrar para fora.

*

Frenética talvez por causa da exiguidade de seu diafragma.

(Sabe-se que entre os gregos o pensamento tinha sua sede no diafragma... e que a mesma palavra designava as duas coisas: φρήν, justamente.)

*

Por que, de todos os insetos, o mais ativo é aquele com as cores do sol?

Por que também os animais tigrados são os mais cruéis?

*

A vespa e o fruto.

Transporte de polpa beijada, magoada, danificada, contaminada, mortificada pela demasiado brilhante dourada-negra, cigana, don-juana.

Integridade perdida pelo contato de um visitante brilhante demais. E não apenas a integridade – mas a própria qualidade daquilo que permanece.

Entre os pássaros e os frutos não há esse amor-ódio, essa paixão. A carne dos frutos conserva uma bela indiferença, encetada pelo pássaro. Entre eles há indiferença. O pássaro é apenas um agente físico.

Mas dos insetos aos frutos, quantos efeitos profundos, quanta química, quantas reações! A vespa é um agente físico-químico. Ela precipita a pós-maturação, a decomposição da polpa vegetal, que aprisionava a semente.

*

A ameixa diz: "Se o sol me dardeja com seus raios, eles douram minha pele. Se a vespa me dardeja com seu aguilhão, ele magoa minha carne".

*

Sempre enfiada na nectaroteca: cabeça vibrante, bombeando com fervor, e arranques.

Espécie de seringa para ingurgitar o néctar.

*

De início, o braseiro.

Que a vespa saia da terra, e tão vibrante, tão perigosa, isso não é indiferente ao homem, porque ele reconhece nela a perfeição do que tenta em outros modos com suas grandes garagens, seus aeródromos.

Ali há como que um braseiro cujas fagulhas espirram longe, com trajetórias imprevistas.

Elas decolam de seus aeroportos subterrâneos... Ofensivas, ofensoras.

A palavra *dínamo*.

Elas saltam às vezes como se não pudessem dominar seus motores.

... De início, o braseiro cintilante, crepitante, em seguida os voos acontecem, voos que duram, com ofensivas precipitadas de vez em quando, mergulhos silenciosos nas polpas, onde a vespa cumpre seu dever – quer dizer, seu crime.

*

O enxame de palavras justas, ou vespeiro.

Alto lá!... Esse deplorável crepitar da fenda, não é a sedição de uma seita de sementes, alvoroçadas contra o semeador? – Sim, a fúria delas primeiro as conduz à sua plataforma.

Não! Para trás! Existe aí como que um braseiro, cujas fagulhas espirram longe, com trajetórias imprevistas... Vejo nisso a perfeição daquilo que se tenta em outros lugares com essas grandes garagens, esses aeródromos. Mas vejamos melhor.

Ai! Oh natural fervor alado! É seu povo reunido que crepita, na preparação de um motim ofensivo. Sim, dardeje-me... Mas eis que a animosidade delas já se dissipa em voltas furiosas...

*

Um bárbaro enxame percorre o campo. O jardim é percorrido por ele.

*

Bala de fuzil.

É também como uma bala de fuzil, mas em liberdade, mas mole, que vagueasse. De aparência indolente, ela reencontra por momentos sua virtude e sua decisão – e se precipita para o seu objetivo.

É como se, saindo do bacamarte, os projéteis sentissem um brusco encantamento que os leva a esquecer suas primeiras intenções, seu motivo, seu rancor.

Como um exército que tivesse sido comandado para ocupar rapidamente os pontos estratégicos de uma cidade, e que, desde a entrada, se interessasse pelas vitrines, visitasse os museus, bebesse nos canudinhos dos fregueses em todos os terraços dos cafés.

*

Como balas também, com pequenos golpes pensativos, ela criva as paredes verticais de madeira carcomida.

*

Forma musical do mel.

Pode-se ainda dizer que a vespa é a forma musical do mel. Quer dizer, uma nota maior, com sustenido, insistente, começando baixinho, mas difícil de largar, pegajosa, clara, com alternâncias de força e de fraqueza etc.

*

A VESPA

Et cætera...

E enfim, para o resto, para certo número de qualidades que eu tenha omitido de explicitar, pois bem, caro leitor, paciência! Um dia ou outro há de se encontrar algum crítico penetrante o suficiente para me REPROCHAR essa *irrupção* na literatura de minha vespa de maneira *importuna, exasperante, fogosa, e errática* ao mesmo tempo, para DENUNCIAR o andamento *manquitola* destas notas, a apresentação *desordenada* delas, em *ziguezagues,* para se INQUIETAR com o gosto do *brilhante descontínuo,* do *picante* sem profundidade mas não sem perigo, não sem *veneno no rabo* que elas revelam – enfim, por TRATAR soberbamente minha obra DE TODOS OS NOMES que ela merece.

Paris, agosto de 1939-Fronville, agosto de 1943

Notas tomadas para uma ave

Para Ébiche

Notas tomadas para uma ave

A ave. As aves. É provável que compreendemos melhor as aves depois que passamos a fabricar os aeroplanos.

A *palavra* AVE (OISEAU): contém *todas as vogais*. Muito bem, aprovo. Mas, no lugar do s, como única consoante, eu teria preferido o L, da asa [*aile*]: OILEAU, ou o v do osso da sorte, o v das asas desdobradas, o v de *avis*: OIVEAU. O popular diz *zave*. O s, vejo perfeitamente que ele se parece com o perfil da ave em repouso. E *oi* e *eau* de cada lado do *s*, são os dois filés gordos de carne que envolvem a fúrcula.

*

O desfraldar delas necessita do deslocamento no ar, e reciprocamente. É então que se percebe a envergadura de que são capazes (não para mostrá-la). Espantam ao mesmo tempo pelo voo (começando bruscamente, com frequência caprichoso, imprevisto) e pelo desdobramento de suas asas.

Mal temos tempo de nos recuperar de sua surpresa e ei-las em repouso, recompostas (recompostas na forma simples, mais simples, do repouso que é o delas). Aliás, há uma perfeição de formas na ave que se fecha (como um canivete de várias lâminas e utensílios) que contribui a prolongar nossa surpresa. Os membros são escamoteados, as penas por cima se arrumam de maneira que nada da articulação permanece visível. É preciso escarafunchar para encontrar as juntas. Sob esse monte de penas há certos lugares em que o corpo existe, outros, onde ele falta.

*

Certas aves vivem sozinhas, ou unicamente com suas famílias imediatas, outras em pequenos bandos, outras em grandes bandos. Algumas em companhias cerradas, outras em bandos esparsos, que parecem indisciplinados. Algumas voam em linha reta, outras gostam de traçar grandes círculos, algumas de acordo com o que lhes agrada, caprichosamente. Existem algumas que, mais do que outras parecem determinadas por um instinto fatal, ou manias redibitórias.

Existem poucas das quais se pode chegar perto mais do que alguns metros, certas fogem a trinta ou cinquenta metros. Algumas espécies citadinas se habituam com a vizinhança próxima do homem e por vezes solicitam a ele, a alguns centímetros, em certas circunstâncias, sua comida.

Mas são apenas os traços comuns a toda essa classe de animais que quero unicamente reconhecer. Bichos de pena. Faculdade de voar. Caráter especial do esqueleto. Atitudes ou expressões características.

Até agora eu não disse grande coisa do esqueleto delas. É algo que dá a impressão de uma grande leveza e de uma extrema fragilidade, com uma predominância do abdômen e uma forte desproporção desse esqueleto em relação ao volume do animal vivo. Verdadeiramente não é quase mais do que uma gaiola, do que um chassi muito leve, muito aéreo: o crânio redondo, extremamente pequeno com uma enorme cavidade ocular e um grande bico, o pescoço geralmente longo e tênue, os membros inferiores insignificantes, o tudo muito fácil de moer, sem nenhuma resistência a uma pressão mecânica, protegido por muito pouco, no máximo por bem pouca carne, aliás pouco elástica ou amortizante. O esqueleto dos peixes é sem dúvida mais franzino e ainda mais frágil, mas incomparavelmente mais bem protegido pela carne.

A ave encontra seu conforto em suas penas. Ela é como um homem que não se separasse de seu edredom e de seus travesseiros de pena, que os carregasse nas costas e pudesse se aninhar neles a qualquer hora. Tudo isso, aliás, frequentemente muito piolhento. Pensando bem, nada se parece tanto com um pardal quanto um vagabundo, a um aviário quanto um acampamento de ciganos.

*

Tudo isso é grosseiro demais. O estado de espírito da ave deve ser bem diferente. Ponha-se no lugar dessa maneta com pernas franzinas e entravadas, obrigada a saltitar para caminhar, ou de arrastar uma barriga enorme. Felizmente, um pescoço muito móvel, tanto para dirigir o bico à apreensão das presas quanto o ouvido capaz de funestas advertências, pois, em qualquer caso, ela só pode dever sua salvação à fuga – e ao olho redondo, à espreita ao mesmo tempo da presa e do predador, constantemente arregalado – com o coração e as asas batendo.

A graça dos orbes traçados ao voo, a gentileza das expressões, e dos gritinhos e dos trinados, fazem que as aves sejam geralmente percebidas com simpatia.

Entretanto, são, na maioria, queridinhas sebentas e piolhentas, com as golas sujas, com as aberturas das mangas, os pregueados amassados e rasgados, os colarinhos e galardões empoeirados e, mais ainda, defecando em voo, defecando ao andar, em todos os lugares. Muito "Século de Luís XIV".[1]

*

Como a ave aparece na vida de um homem? Como uma surpresa em seu campo de visão. Relâmpagos carnosos, mais ou menos rápidos. Zebruras na terceira dimensão. Em Paris, dois tipos: pardais e pombos. Todas as outras na gaiola: sobretudo os passarinhos amarelos: periquitos ou canários.

A ave perfeita evoluiria com uma graça… desceria para nos trazer do céu, por obra do Santo Espírito está claro, em orbes graciosos como certas rubricas, a assinatura do Deus bom e satisfeito com sua obra e suas criaturas. Perguntar a Claudel qual é a significação da colomba do Santo Espírito. Há outras aves na religião cristã, em geral em outras religiões? Apercebo os abutres de Prometeu

---

1 A passagem emprega metáforas comparando as aves com as roupas (e com a sujeira) do século XVII, inusitadas ou inexistentes em português: *fraises*, *crevés*, *bouillons* etc. Conclui com: Très "Grand Siècle" [Muito "Grande Século"], que é como os franceses chamam o século XVII, ou século de Luís XIV.

que me acenam, o cisne de Leda... Estão aí várias prestes a resfolegar e renascer, fora da compilação. Muito obrigado, não me interessa!

No fim das contas, o que eu descrevo é sobretudo o pardal, a perdiz, a andorinha, o pombo. (A ave perfeita: creio que, quando me dou conta, me refiro ao pombo, ou à colomba. Aliás, o Santo Espírito *era* de fato uma colomba, e não um avião (Gavião).[2]

*

Eu pensava ser capaz de escrever mil páginas sobre qualquer objeto, e com menos de cinco já estou esfalfado, e volto-me para a compilação! Não, sinto perfeitamente que de mim (e da ave) posso ingenuamente tirar outra coisa. Mas no fundo o que importa não é captar o cerne? Quando eu tiver escrito várias páginas, relendo-as perceberei o lugar em que se encontra esse cerne, onde está o essencial, a qualidade da ave. Creio até que já o apreendi. Duas coisas: o pequeno saco de penas, e a fulminante partida caprichosa no voo (a espantosa partida em voo). Ao lado disso, também a cabecinha, o crânio que se pode esmagar, as patas palitos de fósforo, o truque do desdobramento-deslocamento, a bizarria das curvas do voo. O que ainda? Vamos, isso não vai ser fácil. Vou recair talvez em meus erros do camarão. Seria melhor então permanecer nestas notas, que me enojam menos do que um *opus* fracassado.

---

2 Trocadilho: "*si je ne m'abuse (Buse)*".

Tive também a ideia várias vezes – preciso anotá-la – de fazer a ave falar, de descrevê-la na primeira pessoa. Precisarei tentar essa saída, que tateio com este procedimento.

*

Que diz o *Littré*[3] da ave? De novo a compilação que me atazana. Tanto pior. Vamos lá ver. Um esforço. Levanto-me de minha poltrona:

Ave (impossível copiar, há, em três colunas, toda a página 813 do tomo I-P e várias linhas ainda na página 814. Copio apenas os cabeçalhos): "1. Animal ovíparo com dois pés, tendo penas e asas. 2. Termo de zoologia: classe do reino animal compreendendo os animais vertebrados cujo corpo é coberto de penas, e cujos membros anteriores têm, em geral, a forma de asas, a cabeça terminada na frente por um córneo bico que recobre os maxilares alongados, desprovidos de dentes. 3. A rainha das aves, a águia. A ave de Júpiter, a águia. A ave de Juno, o pavão. A ave de Minerva, a coruja, o mocho. A ave de Vênus, a colomba, o pombo. 4. Termo de falcoaria. Absolutamente, *a ave*: a ave de rapina treinada para a caça. (E todos os termos de falcoaria.) 5. A ave beija-flor. 6. Ave palhaço. 7. Ave da África, a galinha d'Angola. Ave das cerejas, o verdilhão etc. 10. A ave de São Lucas, o boi. 11. Ave designa por vezes a avícula comum (concha). 12. Termo de brasão. 13. Termo de química. 14.

---

3 *Littré*: denominação de um dicionário clássico francês, cujo autor foi Émile Littré, *Dictionnaire de la langue française* [Dicionário da língua francesa], 1872.

{30}

Vista de ave. 15. O voo de ave. 16. Popularmente: como um passarinho, muito alegre. Diversos provérbios. *Etimologia*: ital.: uccello, augello. Baixo latim: aucellus (na lei sálica): um diminutivo não latino, avicellus, de avis, oiseau.

"Há uma outra palavra *Ave*, s. m. Termo de pedreiro. Espécie de pequeno cocho que se põe nos ombros para carregar argamassa. Carregar a ave, ser servente de pedreiro. *Etimologia*: Diz-se assim por comparação com uma ave (oiseau), ou talvez corrupção de *augeau* (cochinho), derivado de *auge* (cocho)."

No capítulo "Ave" do *Littré*, as mais belas expressões citadas, que quero reter, são as seguintes: "*Todas* as aves de rapina são notáveis por uma singularidade difícil de explicar: é que os machos são aproximadamente um terço menores e mais fracos do que as fêmeas (Buffon, *Aves*, t.I, p.89)."O ator trágico Esopus mandou servir um prato no qual estavam todas as espécies de aves que cantam ou imitam a palavra humana, aves que lhe custavam dez mil sestércios cada: assim, avaliaram o prato em cem mil sestércios (22.500 francos) (Pastoret)." Nos termos de falcoaria: "Ave rameira, aquela que ainda tem apenas a força para ir de ramo em ramo. Aves ignóbeis, aves de voo baixo. Aves nobres, aves de voo alto. Ave ninhega, pássaro tomado do ninho e que ainda não voou". Etc. A propósito do pássaro beija-flor: "Leveza, rapidez, presteza, graça e rico adereço, tudo pertence a este pequeno favorito" (Buffon, *Aves*, t.XI, p.2)."Ave de cerejas: o verdilhão. Ave-camelo, avestruz. Ave-meu pai, em Caiena, a gralha-de-nuca-cinzenta."

Ao histórico: "Ovo de pobre, ave de pobre" (Leroux de Linay, *Proverbes*, t.I, p.188).[4]

Está aí. Há boas coisas a prender, aprender. Entretanto, satisfação em constatar que nada está lá do que quero dizer e que é tudo ave (esse saco de penas que alça voo espantosamente). Então, não chegarei tarde demais. Tudo está para ser dito. Já se suspeitava.

Preciso também copiar um trechinho bastante recente que eu tinha bem pretensiosamente intitulado *A Ave*, depois que o tinha escrito. Ei-lo: "A ave… chia, guincha, permeia e gorjeia, como essas torneirinhas de madeira que são adaptadas às aduelas (aduelas?). Ela pia, pipila. Ali estão grãos e sementes. Dos grãos à destilação, não há grande distância. Ao que é destinado esse pequeno alambique? O que distila? A vida inteira são esses vocalises, esse kirsch de cabeça de pardal. Depois, nos dias da morte, essas raras gotas de sangue negro na vitrine do açougueiro das caças (caçar?)".

*

Onde aparece a ave? Numa paisagem não citadina, sobre um fundo bistre de lavouras, lá onde o ar fica bordado por muitos fios verdes até certa altura.

*

Relendo o que escrevi até aqui, encontro muitas palavras a procurar no *Littré*:

---

4 *"De put oeuf put oisel"* – francês medieval.

FÚRCULA: Nome dado à crista saliente e longitudinal que se encontra na face externa do esterno das aves.

(*Esterno*: Osso ímpar situado no homem à frente e no meio do tórax. Parte análoga nos animais. A forma do esterno das aves, como a quilha de navio, que é indispensável para o equilíbrio do voo, tornaria muito dolorosa a atitude agachada que têm. Dupont de Nemours.)

BOMBEAR: 1. V. ativo. Tornar convexo ao modo de uma bomba, quer dizer, de maneira a apresentar um segmento esférico, ou mais ou menos. 2. V. n. Bombear: ser convexo. Essa parede bombeia.

Rebombar ou rebombear não existem,[5] mas repicar, rechonchudo (arredondado pela gordura).

ADUELAS: Nome de tábuas dispostas em círculo que formam o corpo do barril e que são abraçadas por aros.

ORBES: Empregado falsamente por mim. Órbitas seria melhor – que está para a orbe assim como a circunferência está para o círculo. Curvas seria melhor para o que quero descrever (ou parâmetros).

A propósito de qualquer coisa, mesmo de um objeto familiar ao homem há milênios, resta muita coisa a dizer. E é *vantajoso* que sejam ditas. Não apenas pelo progresso da ciência, mas pelo progresso (moral) do homem pela ciência. Há um outro ponto: para que o homem tome posse verdadeiramente

---

5 "Rebombear" existe em português. Mas *rebomber* não existe em francês. O autor não empregou a palavra *bomber* no texto que ele pretende reler.

da natureza, para que ele a dirija, a submeta, é preciso que ele acumule em si próprio as *qualidades* de cada coisa (nada melhor para tanto do que as extrair pela palavra, nomeá-las).

Esse é, parece-me, um ponto de vista bolchevique.

... Mas (outro desenvolvimento) a ditadura do homem sobre a natureza, os elementos, seria apenas um período em direção ao estado de harmonia perfeita (que bem podemos imaginar) entre o homem e a natureza, onde esta receberá do homem o mesmo que ele tomará dela.

O poeta (é um moralista que) dissocia as *qualidades* do objeto e depois as recompõe, como um pintor dissocia as cores, a luz, e as recompõe em sua tela.

*

(Maravilhoso casal de aves de Ebiche[6] visto antes da partida de sua obra para a Polônia em 2 de setembro de 1938.)

Ajuizadamente sentadas lado a lado em uma cesta redonda como um ninho, na pose das chocadeiras dominando o susto, suas penas multicores levemente eriçadas e bufantes, catalépticas (ou verdadeiramente heroicas?), cabeça imóvel e olho arregalado.

*

Finas flechinhas ou curtos e gordos dardos,
Em vez de contornar as arestas dos tetos,
Nós somos ratos do céu, relâmpagos carnosos, torpedos,
Peras de penas, piolhos da vegetação.

---

6 Ou Eugeniusz Eibisch. Pintor polonês que viveu na França e foi amigo de Ponge.

NOTAS TOMADAS PARA UMA AVE

Muitas vezes, postado em um galho alto,
Eu espreito ali, estúpido e amontoado como um agravo.

*

Notas tomadas para uma ave

Meu nome une as vogais francesas
Começando por aquela em forma de ovo
Em dois ditongos ladeando a cobra
Próxima de mim nas classificações
Ninhega primeiro, rameira depois, eu alço voo
Da tapeçaria em três dimensões
Caio dela como um fruto mas descobrindo minhas asas
Eu as desdobro e me refugio nos céus...
Encantadores círculos, ziguezagues cautelosos,
Saltos sucessivos embora por distâncias pequenas,
Aspectos gentis, gritinhos, trinados
Fazem que nos tratem como pequenos favoritos.
Não se vê o que frequentemente somos:
Queridinhos piolhentos de colarinhos sujos;
Jabôs encardidos, esfíncteres impenitentes...
Fora de nossos ninhos feitos mais para nossos ovos,
Cestas ovoides de onde a penugem enfelpa,
Nosso conforto reside em nossas plumas,
Edredões e almofadas carregados nas costas,
Onde mal podemos nos aninhar,
Capote sob a asa e por vezes uma pata,
Como um mendigo deitado sobre suas trouxas,
Um viajante mama sobre sua mala
Sobre a banqueta dura no meio dos sacolejos...

Vocês mesmas, da cesta redonda, chocadeiras heroicas,
As penas eriçadas dominam seu pavor,
Será que se compreende o sofrimento físico de vocês?...
Leve caixote que se poderia facilmente triturar,
Das quais apenas a rameira é reforçada pela carne,
Maneta corcunda espetado em fósforos,
O jeito desengonçado ou o passo saltitante,
Ombro fraco e constantemente deslocado
Mas que posso em asa desdobrar.
Esterno de raquítico em quilha de navio
Muito necessário ao equilíbrio no voo
Mas que dói na pose de cócoras,
Cabeça inquieta, olho redondo por vezes caraléptico,
Longo pescoço móbil, enfim córneo bico recobrindo
Mandíbulas longuíssimas e desprovidas de dentes.
Nenhuma gordura em nenhum de seus membros.
Em minha carena tudo armazenei,
Minha moela está cheia de sementes de setembro.
Borrachudos ácidos garantem minhas diarreias,
Com peso certo reconheço meu ventre,
Ventre que nas nuvens minhas asas arrebatam,
Mais bem nervuradas que as folhas de outono,
Mais bem articuladas que as velas dos juncos...
E tenho minhas garras, tenho meu bico feroz
Quando eu me sinto disposta a seviciar.
Que eu usurpe o galho ou pique na casca,
Meus bico ou garras córneos valem o aço.

*

Novas notas para minha ave

Quando eu me desdobro no ar é preciso que eu voe,
Num fundo de céu, de colheitas, de lavouras,
Ao custo de meu repouso mostrando minha envergadura
Que não se pode nunca contemplar à vontade;
E me recomponho logo repousado –
Membros escamoteados em lâminas de canivete –
As penas por cima se arrumando de maneira
A não mais deixar ver as articulações.

....

Outros bichos fogem quando o homem se aproxima
Mas é para se enfiar no mais profundo cerrado;
Eu no álbum do céu a linha que traço
Mantém muito tempo atento antes que ela se apague
O olho inquieto de me perder no guilhochê das nuvens...
Entretanto, nos bosques, misteriosas trocas,
Atividade diplomática intensa nas abóbodas,
Retiradas rápidas, tentativas medrosas,
Curtos trajetos de embaixadores, negociações educadas
E nobres penetrando profundamente nas folhas...

....

Somos também planadores com motor de músculos,
Elásticos torcidos de um modo especial
E somos, por nós mesmos, nossas próprias catapultas.

*

Em fim de contas restam ainda:

1. Os bandos esparsos indisciplinados.

2. A ave como torneira de pau que chia, guincha, permeia e gorjeia…

Retomando a primeira frase deste caderno *de observações*, aquela em que eu dizia (instintivamente): "é provável que compreendemos melhor as aves depois que passamos a fabricar os aeroplanos", eis como quero concluir:

Se me consagrei à ave, com toda a atenção, todo ardor de expressão de que sou capaz, e cedendo mesmo a passagem, por vezes (por modéstia calculada da razão), à expressão intuitiva pela simples descrição ou observação – é para que nós fabriquemos aeroplanos aperfeiçoados, que tenhamos um melhor domínio sobre o mundo.

Daremos passos maravilhosos, o homem dará passos maravilhosos se ele descer em direção às coisas (como é preciso descer às palavras para exprimir as coisas convenientemente) e se consagrar a estudá-las e exprimi-las confiando ao mesmo tempo em seu olho, sua razão e sua intuição, sem prevenção que o impeça de seguir as *novidades* que elas contêm – e sabendo considerá-las na essência e nos detalhes. Mas é preciso ao mesmo tempo que ele as refaça no *logos* a partir dos materiais do *logos*, quer dizer, da palavra.

Só então seu conhecimento, suas descobertas serão *sólidas*, não *fugitivas*, não fugazes.

Expressas em termos lógicos, que são os únicos termos humanos, elas lhe serão incorporadas, ele poderá tirar proveito delas.

Ele terá acrescido não apenas suas luzes, mas seu poder sobre o mundo.

Ele terá progredido em direção da alegria e da felicidade não apenas para ele, mas para todos.

Paris, março-setembro de 1938

O CRAVO

A Georges Limbour

O CRAVO

Enfrentar o desafio das coisas para a linguagem. Por exemplo estes cravos desafiam a linguagem. Não vou desistir antes de ter reunido algumas palavras à leitura ou à audição das quais deva-se exclamar: é de alguma coisa como o cravo que se trata.

É poesia? Não tenho ideia, e pouco importa. Para mim, é uma necessidade, um empenho, uma cólera, um caso de amor-próprio e pronto.

*

Não me considero poeta. Creio que minha visão é bastante comum.

Considerando uma coisa – por mais ordinária que seja – parece-me que ela apresenta sempre algumas qualidades verdadeiramente particulares, sobre as quais, se elas fossem claramente e simplesmente expressas, haveria opinião unânime e constante: são essas que eu procuro extrair.

Que interesse há em extraí-las? Fazer o espírito humano ganhar essas qualidades de que ele é *capaz* e que apenas sua rotina o impede de se apropriar.

Que disciplinas são necessárias para o sucesso dessa empreitada? As do espírito científico sem dúvida, mas, sobretudo, muita arte. É por isso que eu penso que um dia uma tal investigação poderá também ser legitimamente chamada de *poesia*.

*

Vai-se perceber pelos exemplos que seguem[1] quanta depuração importante isso pressupõe (ou implica), a que instrumentos, a que procedimentos, a que métodos se deve ou pode-se apelar. Ao dicionário, à enciclopédia, à imaginação, ao sonho, ao telescópio, ao microscópio, aos dois lados do binóculo, às lentes do presbíope e do míope, ao trocadilho, à rima, à contemplação, ao esquecimento, à volubilidade, ao silêncio, ao sono etc.

Também se perceberá quais escolhos é preciso evitar, quais outros é preciso afrontar, que navegações (que bordejos) e quais naufrágios – que trocas de pontos de vista.

*

É bastante possível que eu não possua as qualidades requeridas para levar a bom termo uma tal empreitada – em nenhum caso.

Outros virão que utilizarão melhor do que eu os procedimentos que indico. Serão os heróis do espírito de amanhã.

(Um outro dia.)

O que há de particular, em suma, no ingênuo programa

---

1 *O Cravo* é apenas um desses exemplos. (Nota do Autor)

(válido para qualquer expressão autêntica) solenemente exposto acima?

Sem dúvida, apenas isto, o seguinte ponto: ... onde eu escolho como temas não sentimentos ou aventuras humanas, mas objetos tão indiferentes quanto possível... onde se revela para mim (instintivamente) que a garantia da expressão se encontra no mutismo habitual do objeto.

... Ao mesmo tempo garantia da necessidade de expressão e garantia de oposição à língua, às expressões comuns.

Muda evidência antagônica.

1

Opinioso: fortemente vinculado à sua opinião.
Papelotes, papoulas, papilas: mesma palavra que *vacilar*.
Esquilar: de uma palavra alemã *skeran*. Dilacerar.
Dentes e dentelos.[2]
Farrapos. Creme, cremoso.
Cravo: Lineu o chama de buquê perfeito, buquê pronto.
Cetim.

---

2 A palavra "dentelo" é rara em português, mas é necessária por causa da aliteração. Ponge escreve no original "*Dents et dentelles*" (dentes e rendas, ou rendados). É evidente que a associação vem da sonoridade, e não do sentido. De acordo com o dicionário *Michaelis*, dentelo é uma expressão de arquitetura: "Cada um dos pequenos blocos retangulares, dispostos como uma fileira de dentes separados, que servem de ornamentação na moldura do entablamento, ao longo do listel; dentelo, denteado."

Festões: "Essas belas florestas que recortavam com um longo festão o cume daquelas encostas".

Batido: creme batido, que de tanto apanhar vira espuma.

Espirrar.

Jacaçu e Jocasta?

Jabô: Apêndice de musselina ou de renda.

Amarfanhar: amarrotar, provocar vincos irregulares. (A origem é ignota.)

Frisar (os cabelos): fazer que adquira pequenas ondas.[3]

Encrespar: no sentido de enxovalhar, se confunde com *crepe*, de *crespo*, que quer dizer tecido, e também *prega* ou *franja*, quem usa uma espécie de capuz.

Franjas: do italiano *frangia*, pedaço de tecido; do latim *frango*, romper, quebrar; da raiz no sânscrito *bhrag*, *bhrang*, mesmo sentido.[4] 2º Termo de anatomia: franjas sinoviais.

Dilacerar: lacerar com violência, rasgando violentamente.

Dilacerar-se: rasgar-se.[5]

---

3 De acordo com o original, "*Friser* (une serviette): la plier de façon qu'elle forme des petites ondes", a tradução literal seria: "*Frisar* (um guardanapo): dobrá-lo fazendo que adquira pequenas ondas". Em português, a expressão "frisar um guardanapo" é forçada.

4 Ponge escreve: "*Franjas*: etimologia desconhecida". Tive escrúpulos e encontrei no *Michaelis* "*frange*, como *esp.*", e no *Caldas Aulete*, "Do fr. frange e, este, do lat. frimbia, de fimbria, ae". No *Grand dictionnaire universel* de Pierre Larousse, que apresenta as mais imaginativas e poéticas etimologias, aquela que transcrevi acima, acreditando não me afastar do espírito de Ponge. Mas o leitor, se quiser, pode simplesmente substituir por "*Franjas*: etimologia desconhecida".

5 O leitor compreenderá que é impossível traduzir esta parte número 1 de um modo absolutamente literal, pois é preciso equilibrar os sentidos, as relações

2

Opor o cravo às flores calmas, redondas: aruns, lírios, camélias, tuberosas.

Não que seja louco, mas é violento (embora seja bem denso, congregado em limites razoáveis).

3

Em ponta de caule, fora de uma oliva, de uma glande flexível de folhas, desabotoa o luxo maravilhoso da roupagem.

Cravos, esses maravilhosos trapos.

Como são limpos.

4

Respirando-os, sente-se o prazer cujo avesso seria o espirro.

Vendo-os, aquele se sente ao ver a calcinha, estraçalhada por mordidas ávidas, de garota jovem que tem cuidado com sua roupa de baixo.

---

sonoras das palavras e os vínculos etimológicos. De outro modo, seria necessário infligir o acompanhamento de um número desmedido de notas explicativas, e isso faria se perder inteiramente a intenção poética. Fiz o que pude no sentido de obter um equilíbrio entre as três exigências que enumerei.

5

Para "desabotoar", ver botão. Ver também cicatriz.

Botão: visto, não se deve aproximar bota e botão, nem desabotoar na frase, porque é a mesma palavra (de botar, pôr para fora).

6

E naturalmente, tudo é apenas movimento e passagem, senão a vida, a morte, seriam incompreensíveis.

Tanto que se inventassem a pílula para ser dissolvida na água do vaso para tornar o cravo eterno – nutrindo com sucos minerais suas células – ele não sobreviveria por muito tempo, no entanto, a flor sendo apenas um momento do indivíduo, que representa seu papel como a espécie ordena.

(Estes seis primeiros trechos, na noite do 12 ao 13 de junho de 1941, em presença dos cravos brancos do jardim da sra. Dugourd.)

7

Na ponta do caule se desabotoa para fora de uma oliva flexível de folhas um maravilhoso jabô de cetim frio com vazios de sombra de neve víride onde reside ainda um pouco de clorofila, e cujo perfume provoca, no interior do nariz, um prazer justo na beirada do espirro.

8

Papelote farrapo crespo
Trapo de luxo cetim frio
Farrapo de luxo com dentes ávidos
Trapo crespo de cetim frio
Lenço de luxo com dentes ávidos
Andrajos de luxo em cetim frio
De lustro

9

Jabô papelote ou lenço
Trapo de luxo com dentes ávidos
Farrapo
Do cetim frio com belos dentes
Odorando para fora fustigado
Na ponta do caule bambu verde
No bojo de unha feita
Se incha uma glande flexível de folhas
Múltiplos sachês odorantes
De onde jorra a saia fustigada

13 de junho

10

Farol de lapela
Projetor
Farolete
Magondo

Francis Ponge

Jabô farrapo papelote ou lenço
Andrajos trapos molambos

Borbotões de pano ou refolhos
De cetim frio
Rico opulento juntura
Competição associação
Manifesto reunião
De pétalas de um tecido úmido
Friamente acetinado

Multidão saindo num delta da comunhão
Ou calcinha, estraçalhada por mordidas ávidas de garota jovem que tem cui-
dado com sua roupa de baixo
Espargindo perfumes de tipos diversos a cada instante
Que arrisca qual prazer de levá-lo à beirada do espirro

Trombetas plenas bocadas entupidas
Pela redundância de sua própria expressão

Gargantas inteiramente entupidas por línguas

Seus pavilhões seus lábios dilacerados
Pela violência de seus gritos de suas expressões

Franzidos amarfanhados frisados esfarrapados
Franjeados festões fustigados
Amarrotados encrespados empenados
Canelados gofrados cacheados
Fatiados dilacerados dobrados retalhados
Franzidos retorcidos ondulados denteados

O CRAVO

Cremoso espumoso branco nevado
Homogêneo unido
Buquê perfeito Buquê pronto
Fora da glande flexível da oliva flexível e pontuda
Que ele faz se entreabrir que ele fende
Na ponta de seu caule fino bambu verde
Com espaçados bojos polidos
E lânguidos tão simplesmente quanto possível

Assi nas chegadas de julho
Se desabotoa o cravo

14 de junho

11

Na extremidade de sua haste fino bambu verde com espaçados bojos polidos de onde se desembainham duas folhas simétricas muito simples pequenos sabres inchados com sucesso uma glande uma oliva flexível e pontuda que força a se entreabrir que fende em cravo de onde se desabotoa

um jabô de cetim frio maravilhosamente amassado um franzido em profusão de linguetas retorcidas e dilaceradas pela violência de seus propósitos:

muito especialmente um perfume tal que produz na narina humana um efeito de prazer quase esternutatório

15 de junho

12

O caule
desse magnífico herói – exemplo a seguir –
é um fino bambu verde
com enérgicos bojos espaçados
lustrosos como a unha

Sob cada um deles se desembainham é a palavra
dois pequenos sabres simplesinhos
simetricamente inofensivos

Na extremidade prometida ao sucesso
incha uma glande uma oliva flexível e pontuda

Que de repente ocasionando uma modificação
transtornante
a força para se entreabrir que a fende
e se desabotoa?

Um maravilhoso trapo de cetim frio
um jabô abundante de fagulhas frias
de linguetas do mesmo tecido
torcidas e rasgadas
pela violência de suas manifestações

Uma trombeta enxarcada
pela redundância de seus próprios gritos
com pavilhão rasgado pela própria violência

Enquanto para confirmar a importância do fenômeno

O CRAVO

se esparze continuamente um perfume tal
que provoca na narina humana
um efeito de prazer intenso
quase esternutatório.

13

Na extremidade de um colmo enérgico
as trombetas do tecido
rasgadas pela violência de sua manifestação:
um perfume de essência esternutatória.

*

A relva de rótulas imóveis.

*

O botão de um colmo enérgico
se fende em cravo.

14

C fendido em CR
C! Botão de um colmo enérgico
Fendido em CRAVO!
A relva, de rótulas imóveis
AVO oh vigor juvenil
A de apóstrofes simétricas
O a oliva flexível e pontuda
desdobrada em CR, A, V

{53}

Linguetas rasgadas
Pela violência de suas manifestações
Cetim úmido cetim cru
etc.

(Meu cravo não deve ser grande coisa: é preciso que com dois dedos se possa segurá-lo.)

15

Retórica resoluta do cravo

Entre os prazeres que comportam lições a tirar da contemplação do cravo existem vários tipos e eu quero, graduando nosso deleite, começar pelos menos brilhantes, pelos mais terra a terra, os mais baixos, os mais perto do chão e os mais sólidos, talvez, os que saem do espírito ao mesmo tempo que a plantinha sai, ela própria, da terra...

Essa planta, para começar, não difere muito da tiririca. Ela se agarra ao solo, que parece, nesse lugar, ao mesmo tempo revestido e sensível como uma gengiva nas quais despontam caninos pontudos. Quando se tenta extrair o pequeno tufo só se consegue com dificuldade, pois se percebe que havia por baixo uma espécie de longa raiz sublinhando horizontalmente a superfície do solo, uma longa vontade de resistência muito tenaz, relativamente muito considerável. Trata-se de uma espécie de corda bastante resistente e que confunde o extrator, força-o a mudar a direção de seu esforço. É algo que se parece muito com a frase pela qual eu tento "atualmente" exprimi-lo, alguma coisa que se desenrola, mais do que se arranca, que gruda no solo por meio de mil radículas adventícias – e que é provável que arrebentará no instante (graças ao meu esforço) antes que eu tenha podido extrair seu princípio. Conhecendo esse perigo, eu me arrisco viciosamente, sem vergonha, várias vezes.

Chega disso, não é? Larguemos a raiz de nosso cravo.

– Nós a largaremos, claro, mas voltando a um estado de alma mais tranquilo, nós nos perguntaremos, entretanto, antes de permitir que nossos olhares subam para o caule – nós nos sentamos na relva por exemplo não longe dali, e a contemplando sem tocar –, as razões dessa forma que ela tomou: por que uma corda, e não um eixo ou uma simples arborescência subterrânea com as raízes habituais?

Não devemos ceder, com efeito, à tentação de acreditar que seja somente para nos causar aborrecimentos que eu acabo de descrever que o cravo se comporta assim.

Mas podemos detectar talvez no comportamento do vegetal uma vontade de enlaçar, de amarrar a terra, de ser a religião dela, os religiosos – e, em consequência, os mestres.

Mas voltemos às formas dessas raízes. Por que antes uma corda do que um eixo ou uma arborescência como as raízes habituais?

Pode ter havido, na escolha desse estilo, duas razões, válidas tanto uma quanto outra segundo se decidir que se trata de uma raiz aérea ou de um caule rasteiro ao contrário.

Talvez, se se trata de um arbusto atrofiado, de um arbusto exausto e sem força e sem fé o bastante para se elevar verticalmente do solo, talvez alguma experiência milenar lhe teria ensinado que seria melhor reservar sua altitude para sua flor.

Ou talvez essa planta deva ser conduzida através de uma vasta extensão de terreno em busca dos raros princípios convenientes à nutrição da exigência particular que vai levar à sua flor?

A própria amplidão destes parágrafos consagrados apenas à raiz de nosso tema responde a uma preocupação análoga, sem dúvida… mas eis que a medida foi atingida.

Saiamos da terra neste ponto escolhido…

*

Assim, eis que o tom foi encontrado, em que a indiferença foi atingida.

Era bem importante. Tudo a partir daí fluirá naturalmente… uma outra vez.

E também posso me calar.

Roanne, 1941-Paris, 1944

A MIMOSA

*O gênio e a alegria produzem com bastante
frequência esses pequenos entusiasmos súbitos.*

Fontenelle

A MIMOSA

Em fundo azul ei-la, como um personagem da comédia italiana, com um leve toque de histrionismo excêntrico, empoada como Pierrô, em sua roupa de bolinhas amarelas, a mimosa.

Mas não é um arbusto lunar: antes, solar, multissolar...

Um caráter de ingênua gloríola, logo desencorajado.

Cada grão não é liso, de modo algum, mas formado por pelos sedosos, um astro se se quiser, estrelado ao máximo.

As folhas têm o ar de grandes plumas, muito leves e, no entanto, muito assoberbadas consigo próprias; por isso mais comoventes do que outras palmas, por isso mais distintas. E, no entanto, há alguma coisa atualmente de vulgar na ideia da mimosa; é uma flor que acabou de ser vulgarizada.

... Assim como em tamariz há tamis, em mimosa há mima.

*

Não escolho os temas mais fáceis: eis por que escolhi a mimosa. Como é um tema bem difícil, preciso portanto começar um caderno.

Primeiro, é preciso notar que a mimosa não me inspira de jeito nenhum. Só que tenho uma ideia dela no fundo de mim que preciso pôr para fora porque quero tirar proveito dela. Como é que a mimosa não me inspira em nada – quando foi uma de minhas adorações, de minhas predileções infantis? Muito mais do que qualquer outra flor, ela me dava emoção. Era a única que me apaixonava. Eu me pergunto se não teria sido pela mimosa que foi desperta a minha sensualidade, se ela não se despertou aos sóis da mimosa. Nas ondas poderosas de seu perfume eu flutuava, extasiado. Tanto que, agora, a mimosa, cada vez que aparece no meu interior, à minha volta, me lembra tudo isso e fenece de imediato.

É preciso portanto que eu agradeça à mimosa. E já que eu escrevo, seria inadmissível que não haja de mim um escrito sobre a mimosa.

Mas na verdade, mais eu rodo à volta desse arbusto, mais me parece que escolhi um tema difícil. É que eu tenho um grande respeito por ela, que não gostaria de tratá-la superficialmente (considerando sobretudo sua extrema sensibilidade). Quero aproximar-me só com delicadeza…

… Todo esse preâmbulo, que poderia ser ainda longamente desenvolvido, deveria ser intitulado: "A mimosa e eu". Mas é a própria mimosa – doce ilusão! – que é preciso agora atingir: se se quiser, a mimosa sem mim…

*

Diremos, em vez de uma flor, um galho, um ramo, talvez mesmo uma pluma de mimosa.

A mimosa

Nenhuma palma se parece tanto com uma pluma, pluma jovem, ao que está entre a penugem e a pena.

Séssil nesses galhos, numerosas bolinhas, pompons de ouro, arminho de penugem pintainho.

Os minúsculos pintainhos de ouro da mimosa, poderíamos dizer, os grãos galináceos, os pintainhos observados a dois quilômetros da mimosa.

O hipersensível palmeiral-plumeiral, e seus pintainhos de ouro a dois quilômetros.

Tudo isso, visto por uma luneta, balsamiza.

*

Talvez o que torna tão difícil meu trabalho é que o nome da mimosa já é perfeito. Conhecendo o arbusto e o nome mimosa, torna-se difícil achar melhor para definir a coisa do que esse nome mesmo.

Parece que ele lhe seja perfeitamente *aplicado*, que a coisa aqui já esteja nocaute...

Mas, não! Que ideia! Além disso, trata-se tanto de defini-la?

*

Não é muito mais urgente insistir, por exemplo, sobre o caráter ao mesmo tempo glorioso e suave, acariciante, sensível, tenro, da mimosa? Há *solicitude* em seu gesto e sua exalação. Um e outro são efusões, no sentido que lhe dá o *Littré*: comunicação de sentimentos e pensamentos íntimos.[1]

---

1 Ou o *Michaelis*: "2 Fig. Expressão calorosa dos sentimentos íntimos".

E *deferência*: condescendência misturada com atenções e ditada por um motivo de respeito.

Tal é a tenra saudação de sua palma. Por esse meio querendo talvez desculpar sua gloríola.

*

Moita de plumas cinzentas nos traseiros de avestruzes. Pintainhos de ouro dissimulam-se ali (mal), sem segredos.

*

Acessório de cotilhão, acessório da comédia italiana. Pantomima, mimosa.

Um fervoroso da pantomima ousou
Diabo! Vender inutilidade às mimosas.

(Ex-mártir da linguagem, hão de me permitir que não a tome todos os dias a sério. São todos os direitos que, na minha qualidade de veterano – da guerra santa – eu reivindico. – Não, que raios! Deve haver um meio-termo entre o tom profundo e este tom canalha.)

*

Perfume esta página, dê sombra ao meu leitor, ramo leve de plumas suspensas, de pintainhos dourados!

Ramo leve, gratuito, de floração numerosa.

Penachos desanimados, pintainhos dourados.

*

Desabrochadas, as bolinhas da mimosa liberam um prodigioso perfume, depois se contraem, se calam: elas viveram.

Eu diria que são flores de tribuna (ou mais uma vez: de tablado).

Que elas possuem qualidades de peito, do dó de peito. Seu perfume vai longe. São unanimemente ouvidas e aplaudidas, pela multidão narinas escancaradas.

A mimosa fala com voz alta e inteligível; palavras de ouro.

É uma boa ação que se expande, um dom gratuito e agradável de receber.

A mimosa e sua específica boa ação.

Mas não é um discurso que ela profere, é uma nota prestigiosa, sempre a mesma, bastante capaz de persuasão.

*

A mimosa (poema em prosa). – Hipersensíveis plumas de pintainhos dourados a avenida a dois quilômetros, das quais um único rebento visto com a luneta perfuma a casa. Desabrochadas, as bolinhas da mimosa exalam um perfume prodigioso, depois se contraem: viveram. Seriam flores de tribuna? Sua palavra é unanimemente ouvida e aplaudida pela multidão narinas escancaradas, vai longe

> "MIraculosa
> MOmentânea
> SAtisfação
>
> MInuto
> MOscado
> SAssafrás!"

"Pentes desanimados pela beleza dos piolhos dourados que nascem de seus dentes! Galinheiro altaneiro de avestruzes enraizadas, borbulhante de pintainhos dourados! Breve fortuna, jovem milionária de vestido desabrochado, amarrada por baixo, agitada em buquês! Pompom novo, frágeis pintainhos de cisne, suave ao contato e com perfume tão forte! Gêiser de plumas pintainhantes! Penachos, sóis sustentáveis constelados!... E decorados com pintas de sóis sustentáveis! Orgulho flexível e retumbante com deferência por si próprio assim como para os espectadores.

– A florada é um paroxismo. A frutificação já está no caminho da volta.

– O entusiasmo (que é bonito por si só) dá frutos (que são bons ou ruins).

– A florada é um valor estético, a frutificação um valor moral: uma precede a outra.

– O bom é a consequência do belo. O útil (semente) é a consequência do bom.

– O bom pode ser tão belo quanto o belo (laranjas, limões). O útil é o mais das vezes esteticamente modesto.

– A flor é o paroxismo do gozo do indivíduo.

– O fruto é apenas o envelope, o protetor, a geladeira, a humideira[2] da semente,

– A semente é a joia específica, é a coisa, o nada.

– A semente que não parece nada é – de fato – a coisa."

*

---

2 Adaptação do neologismo *humidaire*, criado pelo autor.

No paroxismo de seu próprio gozo específico e da satisfação visual e olfativa que ele provoca, o penacho da mimosa pende e os sóis que o constelam se contraem e amarelam: findaram a vida.

Visão paradisíaca, arvoredo de nobres avestruzes imóveis, que escrúpulos as fazem se desvanecer, mostrarem tanto desalento?

– Por deferência a si próprias e para os espectadores: oh! perdão, parecem dizer, de nos termos alegrado tão ostensivamente! De termos gozado tão ostensivamente... Arvoredo de fumaças vegetais... A mimosa não se conceberia, a si própria, como uma fumaça, um incenso? E seu desalento não viria de seu peso e de sua imobilidade?

*

Há multidão de pintainhos dourados
na avenida arvoredo de hipersensíveis plumas
há multidão de pintainhos dourados
entre dois infinitos de azul
piando a nota complementar.

*

Chegando a este ponto, fui à biblioteca consultar o *Littré*, a *Grande Enciclopédia*, o *Larousse*:

Paroxismo, de παρά, indicando a adjunção – e ὀξύνειν, azedar. A mais forte intensidade de um acesso, de uma dor.

Paroxíntico, os dias paroxínticos: os dias em que os paroxismos ocorrem.

Entusiasmo: de ἐν, em, e θεός, deus. Primeiro sentido: furor divino: estado desordenado como os das sibilas que proferiam seus oráculos lançando gritos, espumando, revirando os olhos.

Gêiser: não, não serve.

Mimosa, s. f. (mas, segundo os botanistas, s. m.): nome latino de um gênero de leguminosas da qual a mais conhecida é a sensitiva (*mimosa pudica*). Etimologia: ver mimosa sensitiva.

Mimosa sensitiva: diz-se das plantas que, quando são tocadas, se contraem. As plantas sensitivas. Etimologia: de *mimus*, porque, ao se contraírem, essas plantas parecem representar as caretas de um mímico.

Eumimosa. Esse curioso arbustozinho ama a luz plena e regas frequentes no verão. Flores pequenas, sésseis. Inflorescências parecendo pompons sedosos por causa do grande número de estaminas que os eriçam.

Floribundo.

Mimosáceas. Essa família forma a passagem das leguminosas às rosáceas.

*

1º de abril de 1941

Pequenos sóis que já foram tolerados demais: amarelando ainda, já viveram.

*

O raminho de mimosa (poesia)

A plenos pulmões, a desanimar folhas,
Os pintainhos dourados da mimosa
Entre dois infinitos de anil
Piando a nota complementar.

A MIMOSA

*

Não, ai de mim! Não é ainda a propósito da mimosa que farei a conquista de meu modo de expressão. Estou mais que sabendo, tenho mais que tentado em folhas brancas numerosas demais.

Mas se, pelo menos, ganhei alguma coisa por causa disso, não quero perdê-la.

Só me resta um meio. Tenho que tomar o leitor pela mão, tenho que solicitar de sua parte uma cortesia muito indulgente, suplicando a ele de se deixar conduzir, apesar do risco de se entediar, pelos meus longos desvios, afirmando-lhe que ele irá saborear sua recompensa quando, enfim, se achar conduzido graças aos meus cuidados no coração do arvoredo de mimosas, entre dois infinitos de anil.

*

As *Vanitas complementares* (poesia)

A plenos pulmões fartamente a desanimar plumas,
Os pintainhos da mimosa
Na encosta de anil piam ouro.

*

Variante

Floribundos, a plenos pulmões, a desanimar plumas
Entre dois blocos indefinidos de anil
Piam ouro cem gloriolosos pintainhos.

*

Outra

Oh gloriosos ingênuos que fomos
Desabrochados sob o anil ômega
A plenos pulmões e a punge plumas
Os pintainhos dourados da mimosa.

*

Outra

Ainda mais que uma fiel assistência de anil
Narina dilatada inspira seus oráculos
Floribundos a plenos pulmões a desanimar plumas
Os pintainhos da mimosa piam ouro.

*

6 de abril, 3 horas da manhã

Quando alguém traz mimosas, é como se trouxesse (uma surpresa!) o próprio sol. Como um ramo abençoado (o ramo bento do culto de Rá). Como uma pequena tocha acesa. Os tocheiros da mimosa...

(São três da manhã e estamos, como por acaso, no domingo de Ramos de 1941.)

... Como por exemplo se tivesse chovido, que alguém tenha a ideia de trazer um ramo constelado de gotinhas, pois bem! a mimosa é a mesma coisa: nela se agarra o sol, o ouro.

Penso que Debussy tivesse aí um tema à sua perfeita medida.

*

Dosséis, sombrinhas, enxota-moscas.

Neste ponto de minha busca, decidi voltar ao *Littré*, de onde retenho o que segue:

Avestruz: a maior das aves conhecidas, e por causa de seu tamanho, incapaz de voar.

Floribundo: essa palavra não figura no *Littré*. Então vai figurar nas edições futuras.

Há um pernalta (parecido com o grou) que tem o nome de *florican*.[3]

Florear, é florescer.

Florilégio: 1º Sinônimo de antologia. 2º Título de algumas obras que tratam de plantas notáveis pela beleza de suas flores.

Pompom: 1º Reunião de fios de lã, de seda, formando um buquê, um tufo. 2º Termo de zoologia: floco de penas que certos pássaros... Pequeno tufo espalhado de pelos... 5º Anatomia: pompons lacrimais: carúnculas. – Semente pompom: em referência a sementes que pareçam pequenas esferas felpudas, como as sementes de algumas plantas ornamentais.

Pompom, termo do mar: espécie de ouriço marinho.[4]

---

3 É o nome do pássaro em francês – e em inglês. Em português encontrei sisão--bengalês. Foi preciso manter o nome original por causa da consonância.

4 No original lemos: "La *houppée*, terme de marine: écume légère du choc de deux vagues". Com esforço, seria possível traduzir por: "A crista, termo de marinha: espuma leve do choque de duas ondas". Mas era necessário aqui

Penacho: feixe de plumas que, unidas na parte de baixo, esvoaçam na parte de cima, formando uma espécie de buquê (de *penna*, pena).

"Quando o pavão abre ao vento seu penacho pomposo."

(D'Aubigné)

Paraísos; grandes parques, jardins deliciosos. Os parques dos reis Aquemênidas (Renan). Palavra persa.

Ave-do-paraíso: tem longas penas delgadas (ora vejam!).

Flor-do-paraíso: flamboyant (vejam só!).

Pompa, pompons, Pompadour, rococó.

Pintainho: pinto + -a- + -inho, diminutivo de pinto: pintinho (filhote de galinha em seus primeiros dias).

A palavra *pintainhada* existe: bando de pintainhos.

Pintainhar: Pipilar como os pintinhos.

Inútil de dizer que considerei estes achados como, em relação ao que eu havia escrito, um buquê de provas *a posteriori*.

*

Assim, depois de ter girado muito em torno desse arbusto, de ter me perdido com frequência, de ter com mais frequência desesperado do que tirado prazer, de ter mais desnaturado do que obedecido, volto (estarei me enganando ainda?) a conside-

---

vincular a definição a pompom (*houppe*), que preside as frases precedentes. Encontrei essa solução que também possui caráter marinho.

A MIMOSA

rar a qualidade característica da mimosa como esta: "gloriolosa, logo desanimada".

Mas querendo pôr mais matizes, acrescentarei ainda isto:

1. Cada galho de mimosa é um poleiro de pequenos sóis toleráveis, de pequenos entusiasmos súbitos, de alegres pequenas embolias terminais. (Oh! como é difícil chegar perto da característica das coisas!) É prazeroso ver um ser em desenvolvimento conseguir, em um número tão grande de suas extremidades, tantos e tão brilhantes *sucessos*. Como num fogo de artifício bem-sucedido, os foguetes se terminam em explosões de sóis.

Isso é *mais* verdadeiro na mimosa do que nas outras plantas ou arbustos de flores, porque verdadeiramente não há outra flor que seja tão simplesmente uma eclosão como tal, puramente e simplesmente um desdobramento de estames ao sol.

2. Todas essas papilas turgescentes, todas essas gloriazinhas não estão ainda apagadas, contraídas, amarelentas, mortas, que o ramo todo inteiro dá sinais de desânimo, de desespero.

Digamos melhor: no próprio momento da glória, no paroxismo da florada, a folhagem já apresenta sinais de desespero, pelo menos indícios de indolência aristocrática. Parece que a expressão das folhas desmente a das flores – e reciprocamente.

Diz-se que essas folhagens parecem plumas, mas que plumas? Apenas as das avestruzes, aquelas que servem para os abanos orientais, aquelas que pendem, que parecem incapazes de se sustentar e, com mais razão, de sustentar no ar seu pássaro.

3. Mas ao mesmo tempo esse violento perfume que vai longe; esse oráculo, com olhos exorbitados; esse violento perfume, quase animal, pelo qual parece que a flor se extravasa…

… E então, já que ela se extravasa, até a próxima primavera, vamos dizer-lhe até logo!

*

Floribundos a plenos pulmões a desanima-plumas
De um arvoredo até o coração remexido pela simples
Aproximação do anil de uma memória humana
Narina escancarada inspirando seus oráculos,
Piam, pipiam ouro um bilhão de pintainhos

*

A mimosa (variantes incorporadas)

Odorantes a plenos pulmões a desanima-plumas
Piam, piam dourado os gloriosos pintainhos
O anil narinas escancaradas inspira seus oráculos
Pela muda autoridade de seu esplendor
Floribundos a plenos pulmões desmentindo suas plumas
Deplorando o arvoredo ofuscado até o coração
Pela violeta austeridade de seu esplendor
Anil narinas escancaradas inspirando seus oráculos
Floribundos odorantes a desanima-plumas
Piam, piam ouro os gloriolosos pintainhos

A MIMOSA

*

A mimosa

Floribundos, a plenos pulmões, a desmentir suas plumas
Deplorando seu arvoredo ofendido até o coração
Pela violenta austeridade de teu esplendor,
Anil! Narinas escancaradas inspirando seus oráculos,
Piam, eles piam ouro os gloriosos pintainhos!

*

A MIMOSA.

FLORIBUNDOS A PLENOS PULMÕES A DESMENTIR VOSSAS PLUMAS

DESFEITAS DE UM ARVOREDO OFENDIDO ATÉ O CORAÇÃO

POR UMA AUTORIDADE TERRÍVEL DE NEGROR

O ANIL NARINAS ESCANCARADAS INSPIRANDO VOSSOS ORÁCULOS

PIAIS VÓS PIAIS DE OURO GLORIOLOSOS PINTAINHOS

Roanne, 1941

O PEQUENO CADERNO DO PINHAL

A meu amigo morto Michel Pontremoli

A assembleia deles

A assembleia deles ⟶ ~~RETIFICOU *estas árvores*~~
Durante a vida delas ⟶ *para fornecer lenha*

O prazer dos pinhais

7 de agosto de 1940

O prazer dos pinhais:

Evolui-se neles com facilidade (entre esses grandes fustes cuja aparência se situa entre o bronze e a borracha). Eles são bem livres. De todos os galhos baixos. Não há anarquia de modo algum, barafunda de cipós, tranqueira. Pode se sentar ali, se estender à vontade. Um tapete reina sobretudo. Raros rochedos os guarnecem, algumas flores muito baixas. Reina ali uma atmosfera considerada sadia, um perfume discreto e de bom gosto, uma vibrante musicalidade, mas suave e agradável.

Esses grandes mastros violetas, ainda em suas gangas de líquens e de cascas sulcadas, refolhadas.

Seus galhos se depilam e seus troncos se descorticam.

Esses grandes fustes, todos de uma espécie perfeitamente definida. Esses grandes mastros negros ou pelo menos mulatos.

7 de agosto de 1940 – Tarde

Fáceis evoluções a pé entre esses grandes mastros negros ou pelo menos mulatos, ainda encortiçados e liquenáceos até meia altura, graves como o bronze, dúcteis como a borracha.

*

(Não diria *robusto* pois esse adjetivo cabe antes a outra espécie de árvores.)

*

Nada de barafunda de cordas nem de cipós, nada de pranchas, mas tapetes espessos no solo.

*

Robusto cabe a um outro tipo de árvores, mas o pinheiro, no entanto, *o é*, embora mais do que qualquer outro ele dobre e não se rompa…

*

Uma haste e um cone e pomos cônicos.

8 de agosto de 1940

Por entre a profusão… Ao pé desses grandes mastros negros ou pelo menos mulatos, nenhum imbróglio, nenhum embaraço de cipós ou de cordas, nada de pranchas lavadas no solo, mas um tapete espesso.

Do pé até meia altura crespos e liquenáceos…

*

Nenhum serpentear de cipós ou de cordas que atrapalhe o andarilho entre a profusão desses grandes mastros negros ou mulatos, do pé até meia altura ainda todo liquenáceo.

O PEQUENO CADERNO DO PINHAL

*

Livres (até meia altura) de seus galhos, ao mesmo tempo pelo próprio cuidado exclusivamente das copas verdes (do cone verde em suas copas) e pela séria obscuridade concertada em sua multidão...

É assim que os próprios pássaros são relegados às alturas.

*

Maravilhoso, esses tapetes de jade, nessas regiões de onde pareceria que todo interesse vegetal faltasse, em que os galhos baixos se abateram mortos em massa.

*

O pinheiro não é a árvore que dá mais lenha? Que se desfaz do maior número de seus membros, da maior parte de si mesmo, que se desinteressa o mais completamente dela, retirando-lhe toda a seiva para único benefício da copa (cone verde). Daí vem esse odor de santidade que reina nas paragens dos troncos.

Ele só flameja por seu topo extremo: um pouco assim como uma vela.

É uma árvore muito odorífera, e não apenas por sua flor.

9 de agosto de 1940

Isso relega para muito alto e muito suave os efeitos do vento, as aves e as próprias borboletas. E o concerto vibrante de miríades de insetos.

*

De aspecto senil, encanecido com a barba dos negros velhos.

*

É muito agradável embaixo, enquanto nos topos acontece alguma coisa de muito suavemente balançado e musical, de muito suavemente vibrante.

*

É preciso que através de todos esses desenvolvimentos (caducos à medida que ocorrem, pouco importa) a haste do pinheiro persista e se perceba.

*

Jeito de mastros do pé até meia altura
Todo crespos, liquenáceos como um velho mulato,
Sem serem atrapalhados por cipós ou cordas entre eles,
{ (Sem prancha lisa no assoalho)
{ Sem pranchas lavadas no assoalho mas tapetes espessos.

E carregando ao céu das { (coberturas)
{ chapéus cônicos e verdes

Que o vento atravessa, que a luz coa…
Não velas estendidas, mas alguns frutos apertados
Como abacaxis…

9 de agosto de 1940 – À tarde

Não!
Definitivamente, é preciso que eu volte *ao prazer dos pinhais*.
Do que é feito, esse prazer? – Principalmente disto: o pinhal *é uma peça da natureza*, feita de árvores todas de uma espécie

nitidamente definida; peça bem delimitada, geralmente bastante deserta, onde se encontra abrigo contra o sol, contra o vento, contra a visibilidade; mas não abrigo absoluto, não por isolamento. Não! É um abrigo relativo. Um abrigo não dissimulado, um abrigo não mesquinho, um abrigo nobre.

É também um lugar (isto é particular aos bosques de *pinheiros*) em que se evolui à vontade, sem capoeiras, sem ramagens na altura humana, em que se pode deitar no seco, sem moleza, mas de modo bastante confortável.

Cada pinhal é como um sanatório natural, um salão de música… um quarto, uma vasta catedral de meditação (uma catedral sem cátedra, por felicidade) aberta a todos os ventos, mas por tantas portas que é como se elas estivessem fechadas. Porque eles hesitam ali.

*

Oh respeitáveis colunas, mastros senis!
Colunas idosas, templo da caducidade.

*

Nada de sorridente, mas que conforto salubre, que elementos bem temperados, que salão de música sobriamente perfumado, sobriamente adornado, bem-feito para o passeio sério e a meditação.

*

Tudo está feito aí, sem excesso, para deixar o homem sozinho consigo mesmo. A vegetação, a animação são ali relegadas às alturas. Nada para distrair o olhar. Tudo para adormecê-lo, por essa multiplicação de colunas semelhantes. Nada de anedotas.

Tudo faz a curiosidade desanimar. Mas tudo isso quase sem o desejar, e *no meio da natureza*, sem separações estanques, sem vontade de isolamento, sem grandes gestos, sem choques.

Por aqui, por ali, um rochedo solitário agrava ainda o caráter dessa solidão, força à seriedade.

*

Oh sanatório natural, catedral felizmente sem cátedra, salão de música onde ela é tão:

$$\begin{cases} \text{discreta} \\ \text{suave e relegada} \end{cases}$$

nas alturas (ao mesmo tempo tão selvagem e tão delicada), salão de música ou de meditação – lugar feito para deixar o homem sozinho no meio da natureza, com seus pensamentos, perseguindo um pensamento...

... Para retribuir sua cortesia, para imitar sua delicadeza, seu tato (instintivamente eu sou assim) – não desenvolverei no seu interior nenhum pensamento que seja estrangeiro a você, *é sobre você que eu meditarei*:

"Templo da caducidade etc."

*

"Creio que começo a perceber o prazer próprio aos pinhais."

12 de agosto de 1940

Uma infinidade de compartimentos e de ziguezagues faz do pinhal um dos lugares da natureza mais bem concebidos para o conforto e a meditação dos homens.

Nada de folhas se agitando. Mas, ao vento como à luz, tantas finas agulhas estão opostas que resulta disso uma temperação e como que uma derrota quase completa, um desmaio das qualidades ofensivas desses elementos e uma emanação de perfumes poderosos. A luz, o próprio vento, ali são peneirados, filtrados, freados, tornam-se benignos e, dizendo bem, inofensivos. Enquanto as bases dos troncos são perfeitamente imóveis, as copas mal balançam...

12 de agosto de 1940 – Entardecer

O pinhal é também uma espécie de *hangar*, é construído como um hangar, um galpão, ou um mercado (hall).[1]

Mastros senis penteados com topetes verdejantes. A propósito de topetes, os pinheiros tem topes verde-escuros (mas isso é uma outra história).

*

Mercado de agulhas odoríferas, grampos de cabelo vegetais, auditório de miríades de insetos, oh templo da caducidade (caducidade dos galhos e dos pelos) cujas estruturas – auditório – solário de miríades de insetos – são suportadas por uma floresta de mastros senis completamente enrugados, liquenáceos como velhos mulatos...

---

1 Em francês, a palavra empregada por Ponge é *halle* (mercado coberto), que permite a assonância com o inglês *hall*. *Halle* não tem tradução exata em português.

Lenta fábrica de madeira, de mastros, de *postes*, de vergas, de vigas.

Floresta sem folhas, odorífera como o pente de uma ruiva.

*

Vivo eu, inseto, no meio da escova ou do pente odorífero de uma gigante...?

... Floresta cujos tufos perdem os pelos.

*

Se as folhas se parecem com plumas, as agulhas dos pinhos parecem-se antes com pelos.

*

Pelos duros como dentes de pente.

Pelos de escova mas duros como dentes de pente.

Vivo no meio do jogo de escovas (escova, pente e cabelos) de uma odorífera gigante ruiva... E música, vibrante nos arcos, miríades de insetos, milhões de centelhas animais (burburinho)...?

... Enquanto um de seus finos lenços flutua no céu azul por cima.

13 de agosto de 1940 – Manhã

Tentemos nos resumir. Há:
A facilidade

a) *do passeio*:
não há galhos baixos
não há plantas altas

não há cipós.

Tapete espesso. Mobiliados com alguns rochedos.

b) *e da meditação:*
temperação da luz,
   do vento.
Perfume discreto.
Ruídos, música discreta.
Atmosfera sadia.
Vida aberta.
Suave acompanhamento musical em surdina.

Evoluções fáceis, entre tantas colunas, com um passo quase elástico, sobre esses tapetes espessos feitos de grampos para cabelos vegetais. Labirinto fácil.

Como se passeia à vontade em meio a essas colunas, dessas árvores tão bem desembaraçadas de seus galhos caducos!

13 de agosto de 1940 – Tarde

Forma-se, cresce e se espessa incessantemente com o mesmo tipo, em numerosos lugares do mundo, prédios mais ou menos vastos, dos quais tento descrever um modelo:

Comportam um térreo com um alto pé direito (embora este termo seja impróprio), e por cima uma infinidade de andares, ou antes, uma estrutura complicada ao extremo que constitui andares superiores, forros e teto.

Não há paredes nem teto a bem dizer: parecem antes um mercado ou um pátio coberto.

Uma infinidade de colunas suporta essa ausência de teto.

17 de agosto de 1940

Reli os nomes de Apollinaire, Léon-Paul Fargue... e tenho vergonha do academismo de minha visão: falta de arrebatamento, falta de originalidade. Só trazer à luz aquilo que eu sou o único a dizer. – No que concerne ao pinhal, acabo de reler minhas notas. Poucas coisas merecem ser conservadas. – O que importa em mim, é a seriedade com a qual me aproximo do objeto e, de outro lado, a grande justeza na expressão. Mas preciso me livrar de uma tendência a dizer coisas sem relevo e convencionais. Não vale a pena escrever se não for por isso.

Pinhais, saiam da morte, da não-observação, da não--consciência!

Profusão a perder de vista, pátio coberto de { colunas, mastros senis, cobertos em andares superiores e teto de um milhão de grampos verdes entrecruzados.

E no assoalho uma espessura elástica de grampos para cabelos, erguidos por vezes pela curiosidade doentia e prudente dos cogumelos.

*

Fábrica de lenha. (Entro nessa importante fábrica de lenha.) O que é agradável lá dentro é a *perfeita secura*. Que assegura vibrações e musicalidade. Algo de metálico. Presença de insetos. Perfumes.

Surjam, pinhais, surjam na palavra. Vocês não são conhecidos. – Deem sua fórmula. – Não é à toa que foram notados por F. Ponge...

18 de agosto de 1940

No mês de agosto de 1940 entrei na familiaridade dos pinhais. Nessa época, essas espécies particulares de hangares, de pátios cobertos, de mercados naturais obtiveram a chance de sair do mundo mudo, da morte, do não-observar, para entrar no da palavra, da utilização pelo homem com seus fins morais, enfim no *Logos*, ou, se se preferir e para falar por analogia, no Reino de Deus.

20 de agosto de 1940

Aqui, onde se eleva uma profusão relativamente ordenada de mastros senis, coroados por cones verdejantes, aqui, onde o sol e o vento são filtrados por um infinito entrecruzar de agulhas verdes, aqui, onde o assoalho é coberto por um espesso tapete de grampos de cabelo vegetais: aqui se fabrica lentamente a madeira. Em série, industrialmente, mas com uma lentidão majestosa aqui se fabrica a madeira. Ela se perfaz em silêncio e com uma lentidão majestosa e prudência. Com uma segurança e um sucesso efetivo também. Há subprodutos: obscuridade, meditação, perfume etc., feixes de menor qualidade, pinhas (frutos apertados como abacaxis), grampos vegetais para cabelos, musgos, samambaias, mirtilos, cogumelos. Mas, através todos os tipos de desenvolvimento que caducam um depois dos outros (e que importa), a ideia geral continua e entrevemos a haste, o mastro: – a viga, a tábua.

O pinheiro (não estaria longe de dizer que) é a ideia elementar da árvore. É um I, um caule, e pouco importa o resto. Eis por que ele fornece – dos seus desenvolvimentos obrigatórios segundo a horizontal – tanta lenha. É que importa só o caule, bem reto, esguio, ingênuo e não divergindo desse impulso ingênuo e sem remorso nem retoques nem emendas. (Num impulso sem emendas, bem simples e reto.)

Tudo evolui assim em direção a uma perfeita secura…

*

Penetrei no jogo de escovas (escovas, pentes com finos cabos cinzelados de líquens, grampos de cabelos) de uma gigantesca ruiva, crioula, entre esses emaranhados, esses pesados perfumes? Essas grandes pedras aqui e ali deixadas sobre o tampo da penteadeira? Sim, decerto, aqui estou e é fato que não falta nem encanto nem sensualidade. É uma grande ideia que um poeta menor teria se contentado de desenvolver.

Mas por que se ufanar de tantos galhos mortos, por que esse maciço despojamento dos troncos, e por que, em consequência, essa facilidade do passeio entre eles, sem cipós, nem cordas, nem assoalho liso, esses tapetes espessos, essa obscuridade meditativa, esse silêncio? Porque o pinheiro não é a árvore que mais fornece lenha, que mais se desinteressa de seus desenvolvimentos laterais passados etc.? Assim, chego a uma ideia talvez menos sedutora de início (menos reluzente, menos cosmética), mas mais séria e mais próxima da realidade de meu objeto…, etc.

21 de agosto de 1940

Falemos simplesmente: quando se penetra num pinhal, no verão durante grande calor, o prazer que se sente parece muito com o que nos proporcionaria o pequeno toucador contíguo ao banheiro de uma selvagem mas nobre criatura. Jogo odorífero de escovas numa atmosfera sobreaquecida e nos vapores que sobem da banheira lacustre ou marinha. Céus como pedaços de espelhos através das escovas de longos cabos finos todo cinzelados de líquens. Odor *sui generis* dos cabelos, de seus pentes e de seus grampos. Transpiração natural e perfumes higiênicos misturados. Largados sobre o tampo da penteadeira, grandes pedras ornamentais aqui e ali, e nos arcos essa crepitação animal, esse milhão de centelhas animais, essa vibração musical e cantadora.

Ao mesmo tempo escovas e pentes. Escovas nas quais cada pelo tem a forma e o brilhante de um dente de pente.

Por que ela escolheu escovas de pelos verdes e de cabos violetas, tudo cinzelado de líquens cor de azinhavre? Porque essa nobre selvagem é ruiva talvez, que molhará depois na banheira lacustre ou marinha vizinha. É aqui o salão de beleza de Vênus, com a lâmpada Phébus[2] inserida no painel de espelhos.

Eis um quadro que me satisfaz, porque ele exprime bem um prazer que cada homem sente quando penetra em agosto num pinhal. Um poeta menor, mesmo um poeta épico, ficaria contente com isso talvez. Mas nós somos coisa diferente de um poeta e temos outra coisa para dizer.

Se entramos na familiaridade dos aposentos particulares da natureza, se eles tiveram a sorte de nascer na palavra, não é apenas para que exprimamos antropomorficamente esse prazer sensual, é para que resulte disso uma co-nascença[3] mais séria.

Vamos então mais ao fundo.

Formação de um abscesso poético

22 de agosto de 1940

O inverno: Templo da caducidade.

Roídos por líquens os galhos baixos decaíram. E nada de tranqueiras na meia altura. Nada do serpentear de cipós nem de cordas. Fácil evoluir entre esses mastros senis (muito cres-

---

2 O cartel de Phœbus (Osram, Philips, GE e outros) era um oligopólio criado para controlar a fabricação e venda de lâmpadas incandescentes.

3 Jogo de palavras entre *connaissance* (conhecimento) e *co-naissance* (co-nascença).

O PEQUENO CADERNO DO PINHAL

pos, liquenáceos como velhos mulatos), cujas carapinhas só se emaranham nas alturas.

Em agosto: É, todo cercado por espelhos, um mercado de grampos de cabelos odoríferos, erguidos por vezes pela curiosidade doentia e prudente dos cogumelos; um jogo de escovas com longos cabos de madeira púrpura cinzelados, de pelos verdes, escolhidos pela selvagem e nobre ruiva que sai da banheira lacustre ou marinha fumegante do talude.

Variante

Templo da caducidade! *O inverno*, roídos por líquens, os galhos baixos decaíram. E nada de tranqueira à meia altu-ra, nada de serpentear dos cipós, nem de cordas. Evolui-se facilmente entre esses mastros senis cujas carapinhas só se emaranham nas alturas.

Em agosto, é, todo cercado por espelhos, um mercado de grampos de cabelos odoríferos (soerguido às vezes depois de alguma chuva pela curiosidade doentia e prudente dos cogu-melos) – um jogo de escovas com longos cabos cinzelados, com pelos verdes, para a fulgurante criatura que sai da ba-nheira marinha ou lacustre fumegante no talude.

24 de agosto de 1940

Expressões simples e precisas a conservar dos pinhais:

Lenta fábrica de madeira.

*

O pinheiro não é a árvore que mais fornece lenha?

*

Uma espessura elástica no chão de grampos de cabelo odoríferos cuja secura é erguida por vezes depois de alguma chuva pela curiosidade doentia dos cogumelos.

*

... E nada de folhas se agitando entre esses mastros senis cujos topetes cônicos se emaranham nos céus.

*

Palavras a procurar no Littré:
(cheguei a esse ponto)[4]

Caduco: que está a ponto de cair.

Caducidade: defeito de persistência de uma parte.

Fornalha: 1º grande fogo; 2º fogo muito ardente; 3º por exagero, lugar muito aquecido.

Cosmético: mesma origem que *cosmos*: mundo, ordem, adorno.

Tranqueira: acidente que impede, mas vem do celta *ta-*

---

4 Eu estava, em La Suchère, sem possibilidade de conseguir um *Littré*. Então, apenas anotei os nomes a procurar. O que conservei só foi inscrito diante dessas palavras várias semanas depois, lá pelos fins de setembro. (Nota do Autor)

rinca, tranca: monte de *troncos ou galhos secos* de árvores, no meio da mata ou atrapalhando o trânsito.[5]

Serpenteado: visto.

Líquen: vegetais agâmicos cuja vida é interrompida pela estiagem.

Mercado, matagais: visto.

Elástico: que volta à sua primeira forma.

Cogumelo: que cresce tomando a forma de uma bacia (*etim.*).

Baraço: não. Embaraço. Embaraçar.

Negligentes: de *nec legere*, não tomar, não colher. Convém mal.

*

É antes de tudo uma lenta fábrica de madeira.

*

É preciso que por meio de todos os desenvolvimentos laterais sucessivos – ao mesmo tempo liquenáceos e caducos pouco importa (por superposição exagerada de líquens) – o caule tome consciência, persistindo em favor do único e cada vez mais excelsior topete cônico que ergue várias vezes sete candelabros aos céus.

*

Hangar sobreaquecido
Antro cosmético no verão

---

5 Foi preciso uma transposição. A palavra empregada por Ponge é *encombre*, obstáculo, amontoado, que veio do latim *incombrum*, ou *incumbere*, cair sobre alguma coisa ou alguém, que deu a palavra "combro", rara em português, significando monte de terra, duna, e que não cabe aqui, e incumbir, que cabe menos ainda. Tranqueira é usada nas florestas e na navegação fluvial. A definição que inseri foi extraída do *Michaelis*.

Mercado de grampos para cabelos odoríferos, onde entre todo o jogo de escovas de pelos verdes, de longos cabos cinzelados, seca imediatamente a nobre e selvagem ruiva que sai da banheira marinha ou lacustre fumegante no talude.

*

Mercado sobreaquecido no verão, todo cercado de espelhos – em que, sobre uma espessura elástica no chão de grampos para cabelos odoríferos, entre todo um jogo de escovas com longos cabos de madeira púrpura cinzelados, vem logo se secar a nobre e selvagem ruiva que sai da banheira marinha fumegante no talude.

25-26 de agosto de 1940

Mercado sobreaquecido no verão. Matagais elementares todos cercados de espelhos. Com a penumbra sobreaquecida de um jogo de escovas numeroso de pelos verdes, com longos cabos de madeira púrpura cinzelados, seca logo na espessura elástica do sol de grampos de cabelos odoríferos toda forma que sai da banheira marinha ou lacustre fumegante no talude.

*

O pinhal

Alpestre embaraço cercado por espelhos
Com cabos de madeira púrpura alta espessos de pelos verdes
Em tua penumbra quente manchada de sol

O PEQUENO CADERNO DO PINHAL

Veio se pentear Vênus saindo da banheira
Ou marinha ou lacustre no talude fumegando...
De onde a espessura do chão elástico e carmesim
Grampos de cabelos odoríferos
Sacudidos ali por tantos cimos negligentes
    – E meu prazer também de ali gozar de meu sono
    E essa echarpe oblíqua feita de tecido sem sono
    ... Flutua uma oblíqua echarpe feita de tecido sem sono.

*

Variante

O alpestre embaraço – cercado por espelhos –
Com cabos de madeira púrpura alta tufados de pelos verdes...
Sobre a espessura do chão elástico e carmesim
Grampos de cabelos odoríferos
Sacudidos ali por tantos cimos negligentes,
Na penumbra quente manchada de sol
Seca logo a nua (nuvem)[6] saindo da banheira
Ou marinha ou lacustre no talude fumegante
Sob essas fitas esticadas de tecido sem sono.

*

---

6 Ponge emprega a palavra *nue*, que em francês quer dizer "nua", mas em linguagem literária significa nuvem. O verso joga com a imagem de mulher nua saindo das águas, e do vapor emanado por elas.

Outra

O alto embaraço cercado por espelhos
Com cabos de madeira púrpura com tufos de pelos verdes.
Em seu roupão, penumbra manchada de sol,
Seca logo Vênus saindo da banheira
Ou marinha ou lacustre no talude fumegante
Sobre a espessura do chão elástico e carmesim
Grampos de cabelos odoríferos
Sacudidos ali por tantas cabeças negligentes...

Flutua a echarpe oblíqua feita de tecido sem sono.

*

Um aspecto do pinhal

O alpestre embaraço elevado denso de pelos verdes
Com cabos de madeira púrpura cercados por espelhos...
Em sua penumbra quente manchada de sol
Veio se pentear Vênus saindo da banheira
Ou marinha ou lacustre no talude fumegante
De onde a espessura do chão elástico e carmesim
Grampos de cabelos odoríferos
Sacudidos ali por tantos cimos negligentes

Var. $\begin{cases} \text{E essas fitas esticadas feitas de tecido sem sono.} \\ \text{E esses tecidos de atravessado para moscas sem sono.} \end{cases}$

*

O PEQUENO CADERNO DO PINHAL

Variante

O alto jogo de escovas, cercado por espelhos,
Com cabos de madeira púrpura alta tufados de pelos verdes...
Nesses roupões feitos de sombra manchada de sol,
Sequem, corpos vaporosos saídos da banheira
Ou marinha ou lacustre no talude fumegante,
Sobre a espessura do chão elástico e carmesim
Grampos dos cabelos odoríferos
Sacudidos ali por tantos cimos negligentes

E entre 〔 essas fitas de tecido sem sono.
Var. { essas fitas oblíquas sem sono.
〔 esses tecidos oblíquos sem sono.

28 de agosto de 1940

O alto jogo de escovas cercado por espelhos
Com cabos de madeira púrpura alta tufados de pelos verdes...
Num roupão feito de sombra manchada de sol
Vênus veio pentear-se ali saindo da banheira
Ou marinha ou lacustre no talude fumegante...
De onde a espessura do chão elástico e carmesim
Grampos de cabelos odoríferos
Sacudidos ali por tantos cimos negligentes,

{ *E essas fitas* { de viés no tecido sem sono.
{ *Var.* { tecidos de átomos sem sono.
{ E essas ondas de fitas feitas com tecido sem sono.

*

Variante

O alto jogo de escovas alto tufado de pelos verdes
Com cabos cinzelados cercados por espelhos…
Vênus penteou-se saída da banheira
Ou marinha ou lacustre no talude fumegante?
Resta, na espessura elástica e carmesim
Grampos de cabelos odoríferos
Sacudidos ali por tantos cimos negligentes
Um roupão de penumbra manchado de sol,
Obliquamente tecido de átomos sem sono.

*

Outra

O antigo jogo de escovas, alto tufado de pelos verdes,
Com cabos cinzelados cercados por espelhos…
Num roupão feito de sombra manchada de sol,
Vênus se escamoteia ali, saída da banheira
Ou marinha ou lacustre no talude fumegante.
Só resta, ao tapete elástico e carmesim
Grampos de cabelos odoríferos
Sacudidos por tantos cimos negligentes,
Quanto fitas tecidas por átomos sem sono.

*

Outra

Todo um alto jogo de escovas tufado de pelos verdes
Com cabos de madeira púrpura cercados por espelhos

Escamoteia uma forma saída da banheira
Ou marinha ou lacustre no talude fumegante
Que não deixa para o tapete elástico e carmesim
Grampos de cabelo odoríferos
Sacudidos ali por tantos cimos negligentes
Apenas um roupão de penumbra manchado de sol
Obliquamente tecido de átomos sem sono.

*

Outra

O alpestre jogo de escovas alto tufado de pelos verdes
Com cabos de madeira púrpura cercados por espelhos:
Vênus penteou-se ali, ao sair da banheira
Ou marinha ou lacustre no talude fumegante?
– Permanece um roupão de sombra manchada de sol
Na espessura do chão elástico e carmesim
Grampos de cabelos odoríferos
Sacudidos ali por tantos cimos negligentes,
E fitas tecidas de átomos sem sono.

*

Outra

O alpestre jogo de escovas alto tufado de pelos verdes
Com cabos de madeira púrpura cercados de espelhos.
Do corpo rutilante saído da banheira
Ou marinha ou lacustre no talude fumegante,
Sobre a espessura do chão elástico e carmesim

Grampos de cabelos odoríferos
Sacudidos ali por tantos cimos negligentes,
Permanece um roupão de sombra manchada de sol
Obliquamente tecido de átomos sem sono.

*

Outra

Nesse jogo de escovas alto tufado de pelos verdes
Com cabos de madeira púrpura cercados por espelhos,
De ti, corpo radioso saído da banheira
Ou marinha ou lacustre no talude fumegante,
Permanecem no tapete elástico e carmesim
Grampos de cabelos odoríferos
Sacudidos ali por tantos cimos negligentes,
Apenas um roupão de penumbra manchada de sol
Obliquamente tecido de átomos sem sono.

31 de agosto de 1940

O sol no pinhal

O alpestre jogo de escovas com tufos de pelos verdes,
Com cabos de madeira púrpura cercados por espelhos…
Que Febo se apresenta ali, saído da banheira
Ou marinha ou lacustre no talude fumegante,
Sobra a ele – ao tapete elástico e carmesim
Grampos de cabelos odoríferos
Sacudidos ali por tantos cimos negligentes –

Apenas um roupão de penumbra manchado de sol

Var. { Obliquamente tecido de átomos sem sono
Constantemente atravessado por moscas sem sono.

*

(*Var.*)
Que penumbra habitada por átomos de sol
Frequentemente atravessada por moscas sem sono.

*

Variante

Por esse jogo de escovas com tufos de pelos verdes,
Com cabos cinzelados cercados por espelhos,

Var. { De todo corpo radioso
Do fulgor divino saído da banheira
Ou marinha ou lacustre no talude fumegante.

Sobre a espessura do chão elástico e carmesim
Grampos de cabelos odoríferos
Sacudidos ali por tantos cimos negligentes
Resta apenas penumbra manchada de sol
E fitas tecidas por átomos sem sono.

*

Do sol num pinhal

Num alto jogo de escovas tufado de pelos verdes
Com cabos de madeira púrpura cercados por espelhos

FRANCIS PONGE

Que um corpo radioso penetra ao sair da banheira
Ou marinha ou lacustre no talude fumegante
Só resta disso tecido de moscas sem sono
Sobre a espessura do chão elástico e carmesim
Grampos de cabelos odoríferos
Sacudidos ali por tantos cimos negligentes
Afora um roupão de penumbra manchado de sol.

*

As moscas queixosas ou o sol nos pinhais

Por esse elevado jogo de escovas tufado de pelos verdes
Com cabos de madeira púrpura cercados por espelhos
Que um corpo radioso penetra ao sair da banheira
Ou marinha ou lacustre no talude fumegante
Disso nada resta em relação a moscas sem sono
Sobre a espessura do solo elástico e carmesim
Dos grampos de cabelos odoríferos
Sacudidos ali por tantos cimos negligentes
Afora um roupão de penumbra manchada de sol.

Francis Ponge
La Suchère, agosto de 1940

*

Variante

Verso 3º: Do corpo cintilante saído da banheira

Verso 5º: Nada resta…

2 de setembro de 1940

Nota bene

Se adotarmos essa variante, e levando em conta que os dísticos PA e DO e o terceto SDS são indeformáveis, a ordem deles e a dos versos D e A tornam-se facilmente intercambiáveis, A devendo sempre ser colocado depois de R.

*

Eis os elementos indeformáveis:

1 { Por esse elevado jogo de escovas tufado de pelos verdes
{ Com cabos de madeira púrpura cercados por espelhos

2 { Do corpo cintilante saído da banheira
{ Ou marinha ou lacustre no talude fumegante

3 { Disso nada resta em relação a moscas sem sono
{ Sobre a espessura do solo elástico e carmesim

4 { Dos grampos de cabelos odoríferos
{ Sacudidos ali por tantos cimos negligentes

5 { Afora um roupão de penumbra manchada de sol.

Pode-se então a partir daí dispor esses elementos *ad libitum* como segue:

1	2	3	4	5	1	4	2	3	5
1	2	4	3	5	1	4	3	2	5
1	2	3	5	4	1	4	3	5	2
1	3	2	4	5					
1	3	5	4	2	2	3	4	5	1
1	3	4	2	5	2	4	3	5	1
1	3	2	5	4					
1	3	5	2	4	2	3	1	4	5
1	3	4	5	2					etc.

No entanto, a sequência 4-1 não é aconselhável: (*por* tantos cimos negligentes *por* esse jogo de escovas…)

Tudo isso não é sério

Tudo isso não é sério. O que foi que ganhei durante estas quinze páginas (p.90-104) e estes quinze dias?

Apenas isto:

1º que o pinhal é como que cercado por reflexos, por espelhos (mas isso já foi anotado na p.89);

2º a expressão *elevado tufado* que é justa;

3º que os grampos de cabelos são "Sacudidos ali por tantos cimos negligentes", o que é bastante bonitinho, traduzindo bastante bem o balanço preguiçoso das copas dos pinheiros – mas vai ser preciso que eu busque *negligente* no *Littré...*;

4º a imagem do *roupão*, que é exata falando de Vênus pois é a roupa que se põe sobre os ombros antes de se pentear;[1]

5º *manchado*, que é uma palavra muito justa falando de uma sombra manchada de sol, pois ela contém um sentido pejorativo, uma indicação de imperfeição do tema que é preciosa;

6º E SOBRETUDO a ideia, a tomada de consciência da realidade seguinte: do sol através do pinhal só resta a penumbra, fitas oblíquas estendidas e moscas sem sono.

---

1 Traduzi a palavra *peignoir* por roupão, evitando penhoar que, além de ter uma sílaba com sonoridade desagradável (nhoar), é um galicismo não muito feliz. Ocorre que *peignoir* tem *peigne*, como raiz, que significa pente, e se associa a *peigner*, que significa pentear. Portanto, a associação feita por Ponge não ocorre em português com roupão. Porém, roupão é adequado para ser associado à imagem de Vênus saindo das águas, tal como o poeta emprega. Molhada, a deusa veste o roupão que a aquece e enxuga.

Se ganhei só isso em dez dias de trabalho ininterrupto e *obstinado* (posso com certeza dizer isso), é então que perdi meu tempo. Serei mesmo tentado a dizer, o tempo do pinhal. Porque, depois de uma eternidade de inexpressão no mundo mudo, ele está com pressa de ser expresso agora que eu lhe dei a esperança, ou o antegosto.

Por que esse desregramento, esse descarrilhamento, esse desvario? Eu, uma vez mais – depois de ter chegado ao pequeno poema em prosa das p.90-1 – me lembrei da expressão de Paulhan: "De agora em diante o poema em prosa não é mais para você" e eu quis desse poema em prosa fazer um poema em verso. Quando eu deveria ter desfeito esse poema em prosa para integrar os elementos interessantes que ele continha no meu próprio relatório objetivo (*sic*) sobre o pinhal.

Paulhan decerto tinha razão. Mas aqui minha intenção não é a de fazer um poema, mas de avançar no conhecimento e na expressão do pinhal, de ganhar nisso eu próprio alguma coisa – em vez de quebrar minha cabeça com isso e de perder aí meu tempo como fiz.

Nota

É preciso, de passagem, que eu anote um problema para repensar quando tiver tempo: o da diferença entre conhecimento e expressão (relação e diferença). É um grande problema, percebo agora. Pequenamente, eis o que quero dizer: diferença entre a expressão do concreto, do visível, e o conhecimento, ou a expressão da ideia, da qualidade própria, diferencial, comparada do tema. Para dizer mais claramente: em certos poemas (todos fracassados): a rã, a bailarina, sobretudo a ave, o vespeiro, e este último (o sol no pinhal), estou fazendo expressionismo (?), quer dizer que emprego, depois de as ter reencontradas, as palavras mais próprias para descrever o tema. Mas meu objetivo é outro: é o conhecimento do pinhal, quero dizer, a extração da qualidade própria a esse bosque, e sua *lição*, como eu dizia. Isso me parece serem duas coisas diferentes, se bem que, habitualmente, no limite de perfeição de uma e de outra, elas devam se juntar...

Voltemos, portanto, o mais rapidamente à nossa busca de *tudo* o que se pode dizer a respeito do pinhal e *apenas* a seu respeito.

Aqui há ainda algumas distinções:

Primo, é evidente que o bosque ou a floresta possuem uma qualidade própria e que eu me arrisco frequentemente de me perder nessa direção.

Mas aí, eu não me perderei gravemente, pois o *pinhal* possui evidentemente todas as qualidades do bosque ou da floresta em geral, *mais* suas qualidades particulares enquanto *pinhal*. Basta tomar consciência disso para não errar demais em seguida.

(Se eu erro aliás no meu pinhal, isso será apenas um mal menor, será mesmo um bem, pois os bosques são evidentemente lugares propícios ao errar, à errância, há labirintos em todo bosque.)

Secundo, há qualidades próprias ao pinheiro, e qualidades particulares do pinheiro enquanto parte de um pinhal. O pinheiro é diferente se vive isolado ou numa sociedade. É diferente também segundo se situe no interior ou na fímbria do bosque do qual faz parte. E gosto bastante desses pinheiros de orla, obrigados a certos sacrifícios na parte que têm voltada para o bosque, mas livres em seu desenvolvimento diante do campo, do vazio, do mundo não arborizado.

Cabe a eles a função de bordejar sua sociedade, de esconder seus arcanos, de esconder a carência interior (a austeridade, o sacrifício, as falhas) pelo desenvolvimento de suas partes baixas: é preciso que eles sejam menos severos em relação a suas

$$\begin{cases} \text{expansões sucessivas} \\ \text{desenvolvimentos sucessivos} \end{cases}$$

do que o pinheiro social (inteiramente social). É permitido a eles conservar a memória e a exibição de seus antigos desenvolvimentos. Eles vivem mesmo por essas pontas tanto quanto por suas copas (oh como me exprimo mal).

3 de setembro de 1940

Se os indivíduos da orla (orla ou borda: termos a verificar no *Littré*) escondem bastante bem o interior aos olhares do exterior, escondem muito mal o exterior ao olhar do interior. Comportam-se à moda dos vitrais, ou melhor (já que não são translúcidos), à maneira de uma vidraça de estopa, ou de pedra, ou de madeira esculpida.

Quando o bosque é suficientemente vasto ou espesso, do cerne não se percebe o céu lateral, é preciso avançar em direção à orla, até o ponto em que a sebe não mais aparece estanque à vista. Eis o que seria sublime realizado em uma catedral: uma tal floresta de colunas que chegasse à obscuridade total (cripta).

E é porém bem aproximadamente isso que é realizado no bosque, *mesmo que ele não tenha no limite nenhuma parede*, que o monumento por todos os seus poros respire em plena natureza, melhor do que um pulmão, como brânquias.

Seria possível dizer que deveria estar aí o critério do acabamento, o marco desse tipo de arquitetura: o ponto em que a obscuridade total seria realizada, levando em conta, por exemplo, que entre cada coluna deve ser reservado um espaço de *tanto*, que permita um passeio cômodo etc.

Em suma, o que é uma floresta? – Ao mesmo tempo um monumento e uma sociedade. (Como uma árvore é ao mesmo tempo um ser e uma estátua.) Um monumento vivo, uma sociedade arquitetural. Mas as árvores são seres sociais? Notar que certas árvores são mais predispostas do que outras para viver em sociedade. Pelo peso de suas sementes, assim pouco transportáveis pelo vento e destinadas a cair aos pés do pai ou a pequena distância. Assim, a pinha, a bolota do carvalho, todas as árvores de frutos grandes: macieiras, laranjeiras, pereiras, limoeiros, damasqueiros, amendoeiras, oliveiras, tamareiras.

Outras são dispostas ali pela enorme quantidade de flores, portanto de sementes, tanto que permanecem fatalmente certo número aos seus pés: penso nas acácias.

As árvores de pequenas bagas são menos dispostas a isso porque evidentemente são os pássaros que se encarregam de sua disseminação: cerejeiras, sorveiras etc.

Outras são visivelmente predispostas à vida mais ou menos solitária pelo caráter indubitavelmente eólio de suas sementes: notadamente os bordos (em casais).

No que concerne ao nosso pinheiro, é provavelmente por natureza uma árvore social. A que distância é projetada a semente no momento em que a pinha se abre (ela faz isso bruscamente como os feijões das giestas vizinhas)? Essa distância, alguém pelo menos já mediu? O que isso resulta para o pinheiro enquanto árvore social? Diremos direitos e deveres? Por que não? Deveres: o de restringir sua liberdade de desenvolvimento à de seus vizinhos; ele é, aliás, bastante forçado por eles e não parece que a força do indivíduo conte muito aqui, mas sua idade evidentemente conta muito: há uma prioridade da idade etc.

4 de setembro de 1940

No pinheiro, há uma abolição de suas expansões sucessivas (no pinheiro dos pinhais especialmente), que corrige favoravelmente, que anula a maldição habitual dos vegetais: ser obrigado a viver eternamente com o peso de todos os seus gestos desde a infância. – A essa árvore, mais do que a outras é-lhe permitido se separar de seus desenvolvimentos antigos. Há uma permissão de esquecimento. É verdade que os desenvolvimentos seguintes se parecem muito com os antigos caducos. Não seja por isso. A alegria está em abolir e em re-começar. E além disso é sempre mais alto que isso se passa. Parece que se ganha alguma coisa.

9 de setembro de 1940

A assembleia deles $\begin{cases} \text{retificou} \\ \text{modificou} \end{cases}$

esses seres que, sozinhos, teriam se retorcido belamente de desespero ou de tédio (ou de êxtase), que teriam suportado todos os pesos de seus gestos, o que teria finalmente constituído estátuas muito belas de heróis dolorosos. Mas a assembleia deles os livrou da maldição vegetal. Eles têm a faculdade de abolir suas expressões primeiras, permissão de esquecer.

(A sujeição das partes ao todo. Sim, mas quando cada parte é um ser, um indivíduo: árvore, animal [homem], ou palavra, ou frase, ou capítulo – então isso se torna dramático!)

A assembleia deles também os protege do vento, do frio.

Sozinhos, teria sido tudo ou nada, ou talvez sucessivamente um depois do outro: desenvolvimento perfeito até certo ponto – ou atrofia, impedimento de crescer por causa dos elementos contrários.

Em sociedade, o desenvolvimento é normalizado, e mais, isso cria alguma coisa diferente: *o pinhal.*

Alguns poderiam pensar que a solução ótima seria plantar mudas de pinheiros em viveiros, depois – sem aliás sacrificar nenhum – os repicar de tanto em tanto para que cada um tome então sua chance completa de desenvolvimento.

Seria preciso entretanto tê-los conservado em assembleia por bastante tempo para que eles já tivessem adquirido a força e a retidão do tronco.

Mas aí uma questão de primeiro interesse se coloca.

Enquanto no ar os galhos dos pinheiros se respeitam mutualmente, mantêm-se isolados, não se embaraçam de modo vicioso (isso, aliás, é bastante curioso, notável), ocorre a mesma coisa na terra com suas raízes? Seria possível dissociar pela base uma floresta sem amputar perigosamente cada indivíduo? Quem sabe? Quem quer me responder? Isso é necessário para a continuação de minha pesquisa...

*

Palavras procuradas depois no Littré:

Galhos: excrescência (latim).[2]

Galho principal.

Não se preocupar com os galhos (com aquilo que não é essencial)

Galho invasor: o que toma muito espaço.

Galhos macroblastos: os que constituem a forma da árvore e sustentam os pequenos galhos e as fruteiras.

---

2 Fiz um equivalente em português para: *Branches*: braço (céltico).

Provérbio: "Cada macaco no seu galho".[3]

Ramalhudo: que tem muitos ramos.

Uma ideia ramalhuda: que oferece muitos ramos, muitas alternativas.

Que tem mais palavras do que ideias.

"Acreditam que essa ideia ramalhuda e horrível em qualquer um de seus galhos..." (*Saint-Simon*).[4]

Galpão: 1º construção rural para depósito de utensílios de campo e residência dos peões; 2º área coberta onde se abriga o gado; estábulo. Parece ter havido confusão no antigo espanhol entre *galpón* e *galpol* (sala grande de palácio).[5]

---

3   O provérbio encontrado por Ponge no *Littré* é: "Il vaut mieux se tenir au gros de l'arbre qu'aux branches", que poderia ser traduzido por "É melhor se agarrar ao tronco do que aos galhos".

4   Num texto como este, o tradutor é obrigado a fazer malabarismos. Ponge escreve: "une idée branchue est qui offre deux branches, deux alternatives". Traduzindo: "uma ideia ramalhuda é a que oferece dois galhos, duas alternativas". Mas, em português, diz o *Michaelis*, uma ideia ramalhuda é a que tem mais palavras do que ideias. A tradução exata da frase de Saint-Simon seria: "Acreditam que essa ideia ramalhuda e horrível em qualquer um de seus dois galhos...".

5   Tive que empregar "mercado coberto" e "galpão", segundo o contexto, para traduzir a palavra *halle*, de difícil tradução em português. Aqui, escolhi a palavra "galpão", cuja etimologia é mais interessante (poderia acrescentar que *galpol* foi trazido do México para a Espanha, como uma corruptela da palavra nahuatl *kalpulli*, "casa grande ou quarto grande", o que a torna ainda mais interessante). Usei as definições do *Michaelis*. Dou aqui a tradução literal da passagem de Ponge. "*Halle*: 1º praça pública geralmente coberta; 2º edifício aberto a todos os ventos. *Etim.*: *Halla*, templo (all.). Parece ter havido confusão no antigo francês entre *halle* e o latim *aula* (pátio)."

Balcedo: reunião muito espessa de moitas (Buffon diz: lugar anteriormente limpo e que é recoberto de pequenas moitas), capoeira. Latim: *baltea*: cinto.

Hangar: depósito aberto de vários lados e destinado a receber as ferramentas. De *angaros*: correio (*ange*, palavra persa). Lugar em que paravam os correios (ou os anjos!).

Lenha: madeira, geralmente não aproveitável para outros fins, como ramagens, pernadas, troncos tortos, cortada e usada como combustível próprio para fornos.

Embaraço: galhos de uma capoeira que cresceram. Galhos que bloqueiam os caçadores correndo na espessura dos bosques.

Tufo, tufado: visto.

Cimos: de *cuma*, broto, de χύω: ficar inchado pelo que é engendrado (o jovem broto).

Roupão: sim, manto feito de tecido atoalhado e que se usa após o banho para acabar de secar o corpo.

Maculado: visto.

Manchado: pode ser tomado num sentido favorável, visto que mancha se diz de qualidades.

Penumbra: 1º termo de astronomia; 2º meia-luz em geral.

Bosque: 1º área vegetal, não muito extensa, onde predominam arbustos e árvores, geralmente resultante da diminuição de florestas; 2º terreno coberto por esse tipo de vegetação.[6]

Floresta: de *foresta*, terreno proibido (estrangeiro) à cultura.

---

6 Ponge emprega aqui os dois sentidos de *bois*: bosque, arvoredo, e madeira, pau. Empreguei as definições de bosque dadas pelo *Michaelis*.

Floresta plantada: floresta de árvores adultas (ver anterior). Floresta plantada se opõe a *talhadia*. Termo regional corrente em Minas Gerais: Mateira.[7]

Talhadia: visto.

Pinheiro: nada de especial. A pinha, ou pistache. Pinhão.

Conífera: sim, visto: que tem frutos em forma de cones.

Fímbria: do lat. *fimbrĭa*, franja.

Orla: de *ora*, bordas, lat. vulg. *orula*.

Expansão: derramamento, de *expandere*: desdobramento.

Vidraça: visto.

Vitral: visto.

Cortinas: visto.

Chicana: visto.

Brânquias: não, não tem a mesma etimologia de braços.[8]

Retificar: visto.

Conídio: poeira que recobre os líquens, de χόνις.

Pátio: completamente impróprio, do occitano *pàtu*. Seria justo para a clareira, e não para o bosque.

Talo: visto.

Urzela: espécie de líquen, do nome de quem a classificou.[9]

*

---

7 No original: "Terme courant en vieux français: clères futaies" ("Termo corrente em velho francês: clères futaies"). Encontrei a bela palavra "talhadia", termo de Minas, e pensei que poderia bem substituir o velho francês.

8 Aqui, há um paralelismo entre *branchie* e *branches* (brânquias e galhos), impossível em português. Preferi "braços" (os galhos são braços das árvores).

9 Federigo Ruccellai ou Oricellari. Mais provavelmente "urze + ela".

Um bosque de 40 anos se chama *futaie* sobre *taillis*.[10]

Um bosque de 40 a 60 anos se chama meia-*futaie*.

Um bosque de 60 a 120 anos se chama alta *futaie*.

Um bosque de mais de 200 anos se chama alta *futaie* em declínio.

E portanto, todo este pequeno opúsculo é (apenas) uma "*futaie* sobre *taillis*".

Fim do pinhal

A partir daqui saímos para o campo.

---

10 No contexto, as palavras que deixo aqui em francês conseguem ser traduzidas, mesmo se aproximativamente por vezes. Mas, nesta lista, é impossível. São termos técnicos precisos, muitos deles antigos e bem codificados no século XVII sem correspondência exata em português. Dou aqui algumas definições traduzidas do *Littré*:

Futaie: bosque, floresta de grandes árvores.

Um bosque de 40 anos é chamado de *futaie* sobre *taillis*; entre 40 e 60, meia-*futaie*; entre 60 e 120, jovem alta *futaie*; de 120 a 200, alta *futaie*; acima de 200 anos, alta *futaie* em declínio.

Outros dizem: jovem *futaie*, de 80 anos até 120; alta *futaie* a partir dessa idade até a deterioração, que é designada pelo termo velha *futaie*.

Modo de exploração de uma floresta em que se deixa as árvores chegarem a um alto crescimento; é oposto a *taillis*.

Taillis: bosque *taillis*, bosque natural sobre troncos e mudas, que se poda, que se corta de vez em quando (em português há a palavra talhada, que empreguei no texto). – Modo de exploração de uma floresta, que produz apenas bosques de dimensões reduzidas; é oposto a *futaie*. Distinguem-se o *taillis* jovem (10 anos), o *taillis* médio (10 a 25 anos) e o *taillis* alto (25 a 30 anos).

Taillis composto ou *taillis* sob *futaie*, sistema que consiste em deixar em pé, em cada exploração, um certo número de árvores destinadas a adquirir todo o desenvolvimento de que são capazes.

APÊNDICE A "O PEQUENO CADERNO DO PINHAL"

I. Páginas bis

O texto que precede foi escrito a partir do dia 7 de agosto de 1940, num bosque perto de La Suchère, vilarejo do Haute-Loire onde o autor, depois de um mês e meio de êxodo nas estradas da França, acabava de reencontrar sua família. O autor ficou cerca de dois meses em La Suchère, mas neste mesmo pequeno caderno de bolso que constituía então todo seu estoque de papel, *nada* foi escrito nele a não ser estes textos que se vai ler, páginas *bis* nas datas indicadas.

6 de agosto de 1940

"O que eu teria vontade de ler": tal poderia ser o título, tal a definição do que escreverei.

Privado de leitura há várias semanas e mês, começo a ter vontade de ler.

Pois bem! É aquilo que eu teria vontade de ler que preciso escrever (justamente, não demais isto…).

Mas se me ausculto um pouco mais atentamente: não é apenas de leitura que me encontro tendo vontade ou necessidade; também de pintura, também de música (menos). Preciso então escrever para satisfazer esse complexo de necessidades.

Preciso conservar essa imagem constantemente presente no meu espírito: meu livro, sozinho (forçosamente), sobre a mesa; que eu tenho vontade de abrir e de ler (algumas páginas apenas) – e de voltar a ele no dia seguinte.

20 de agosto de 1940

Quantas coisas eu teria para escrever, se eu fosse um simples escritor..., e talvez eu o devesse.

A narração desse longo mês de aventuras, desde minha partida de Ruão até o fim do êxodo e minha chegada ao Chambon; hoje (por exemplo), a relação de minha conversa com Jacques Babut; cada dia, a de meus passeios e meditações, ou outras conversas semelhantes ou diferentes; a pintura das pessoas que me cercam, que atravessam minha vida e a quem prestei atenção por algum motivo; minhas reflexões sobre a situação política da França e do mundo num momento histórico tão importante; as de nossa própria situação, nossa incerteza do amanhã...

Mas algum defeito impede, que não é apenas a preguiça ou o medo da dificuldade: parece-me que eu não poderia me interessar exclusivamente, como seria necessário no entanto, e sucessivamente a nenhum desses assuntos. Parece-me que investindo num deles eu teria logo o sentimento de que ele não é essencial, de que eu perco meu tempo.

E é ao "pinhal" que volto por instinto, ao assunto que me interessa inteiramente, que se apodera de minha personalidade, que me faz agir por inteiro. Eis um dos únicos assuntos aos quais eu me entrego (ou me perco) todo inteiro: um pouco assim como um pesquisador em sua busca particular.

Não é relato, narração, descrição, mas *conquista*.

Mais tarde, no mesmo dia

Algo de importante (a conservar) na minha conversa de hoje com Jacques Babut, o pastor.

Nós já havíamos chegado para além do ponto em que nossas doutrinas se separam: a minha confiando no homem, a sua recusando-lhe para sempre qualquer confiança.

Falávamos daquilo que ele chama o Reino de Deus, e eu, de um outro nome. Ele me dizia que a Redenção, segundo as Escrituras, só seria perfeita para cada homem quando esse Reino chegasse (isso se enquadra bastante bem com nossa própria teoria)… "Mas ainda", ele me dizia, "é preciso que esse Reino chegue universalmente, não apenas entre os homens, mas entre as coisas…" e ele me citava, acredito, São Paulo.

— Sim, as coisas no espírito do homem, repliquei numa incidência.

E, mais tarde, descrevendo o homem novo de meus próprios sonhos, dizia-lhe que sem dúvida esse homem teria a faculdade de se colocar para si muito mais livremente os problemas existenciais, os do mistério ambiente, o da palavra também, que me interessa particularmente (eu acrescentei).

Desses instantes de nossa conversa data um novo passo no meu "pensamento".

Começo a perceber de modo um pouco claro como se juntam em mim os dois elementos primordiais de minha personalidade (?): o poético e o político.

Certamente, a redenção das coisas (no espírito do homem) não só será possível quando a redenção do homem será um fato consumado. E agora é compreensível para mim por que eu trabalho ao mesmo tempo preparando uma e outra.

... O nascimento para o mundo humano das coisas as mais simples, a tomada de posse delas pelo espírito do homem, a aquisição das qualidades correspondentes – um mundo novo em que os homens, ao mesmo tempo, e as coisas, conhecerão relações harmoniosas: aí está meu objetivo poético e político. "Isso lhe parecerá nebuloso de novo..." (Preciso voltar a essa questão.)

II. Correspondência

O manuscrito de "O pequeno caderno do pinhal", abandonado em 9 de setembro de 1940, foi, lá pelo início do ano seguinte, confiado pelo autor a um de seus amigos, M. P., morador então em Marselha, que quis transcrevê-lo com a máquina de escrever. Uma cópia logo foi entregue a um outro amigo, G. A., o qual, em relação com os meios literários da zona "livre", informou-se sobre a produção recente do autor. G. A. tendo lido esse texto, seguiu-se a correspondência abaixo.

De G. A. ao autor

Marselha, 7 de março de 1941

... Meus artigos do *Figaro* excitaram um bando de jovens poetas que me olham atravessado... Mas eu não terminei: entreguei ao *Jour*[1] um artigo sobre o "ofício de poeta" que fará enraivecer os inspirados. Eu o enviarei a você... E preparei um outro sobre a inspiração que fica nua em pelo.

---

1 *Le Jour-Écho de Paris*, jornal que circulava na zona livre no início da guerra. O amigo em questão é Gabriel Audisio, escritor e poeta francês.

Tudo isso me conduz naturalmente (até o pelo) ao seu pinhal. Inútil – sim, útil – dizer-lhe que acho isso profundamente apaixonante... Não posso me impedir, entretanto, de deplorar que o seu "heroísmo" diante do problema da expressão tenha como resultado conduzi-lo apesar de tudo diante de uma espécie de impasse. Pois a conclusão de seus esforços corre demais o risco de ser uma perfeição quase científica que, de tanto ter sido purificada, tende à combinação de materiais intercambiáveis. Cada coisa em si, rigorosamente específica e obtida, é excelente. O total resulta numa marchetaria. Você percebe o que quero dizer, mesmo se mal dito.

A quimera é querer restituir integralmente o objeto. Você jamais chegará a dar uma ideia, um momento, de *um* objeto. (E talvez mesmo, se você escolher, em vez de um pinhal, palpitante, evolutivo, um objeto tão fixo quanto o seixo, que é, apesar de tudo, um organismo infinitamente mutável.)

Você refez a "experiência" do pinhal no inverno, na primavera? Você considerou que seus pinheiros são os pinheiros das regiões onde viveu? O pinheiro rígido de longo fuste vertical (semelhante àquele que chamam *pariccio* nas florestas das montanhas corsas, e dos quais se fazem os mastros dos navios), mas que não tem nada em comum com os pinhais marítimos de meus litorais – retorcidos, atormentados – nem com os pinheiros-mansos majestosos naturalmente solitários – nem com os pinheiros leves, desenhados a lápis, das regiões terreais da Provença ou da Ática?

Apêndice a "O pequeno caderno do pinhal"

Em vez de "momentanisar" a eternidade da coisa em si (poderia o próprio Deus, ó orgulhoso Francis, que possui esse grito sublime sobre o que os pinheiros lhe devem por terem sido notados por você?), creio que o artista não pode pretender coisa melhor do que eternizar o momento conjunto da coisa e dele próprio.

Humildade? Sem dúvida. Mas não sem grandeza, e que já recobre uma ambição bastante forte.

Tudo isso sobre o fundo de sua pesquisa. Mas a exposição, a revelação do método, repito, me apaixona.

… Nós nos encontramos aqui! Você se lembra do opúsculo *Poemas em comum*, que publiquei com C. S.? Já era uma tentativa desse gênero (*mutatis mutandis*). Eu fazia alusão a um trabalho que nunca publiquei, que ainda tenho, inédito: *Gênese de um poema*.

O que você fez, antes e durante, passo a passo, palavra por palavra, para o *Pinhal* (um pouco à maneira do *Diário de Os moedeiros falsos* para o romance), eu o fiz, depois, retrospectivamente, para a *Balada do Dee-Why* (que está em *Anteu*) – à maneira dos comentários de Dante para os sonetos da *Vita nuova*, ou de Poe para *O corvo* etc.

Creio que existem aí duas tentativas aparentadas; à sua maneira, cada uma lança luzes espantosas sobre os caminhos da imaginação criadora. Se pudéssemos convencer alguma revista a reunir numa espécie de número especial que poderia se chamar *Nascimento do poema*, por exemplo, com uma introdução, um "chapéu" (e precisamente, oh misteriosa cor-

{125}

relação, meu artigo sobre a inspiração nua em pelo tem por objeto preconizar os exames desse gênero), creio que seria extremamente interessante.

O que você pensa?

G. A.

Do autor a M. P.

Roanne, 16 de março de 1941

… Sem dúvida tenho o espírito perturbado pela primavera: a proposta que recebi de G. A. relativa a *O pinhal* deixou-me como que descontrolado. Envio a você a carta dele. Eu não esperava, de verdade, uma tal utilização desse pobre texto. Há momentos em que me sinto completamente eriçado (defensivamente) diante da ideia de ser *explicado*; outras em que isso se esvazia, e em que me sinto desanimado, capaz de deixar as coisas se fazerem…

Não! G. A. não compreendeu (evidentemente) que se trata, no recanto desse bosque, bem menos do que o nascimento de um poema que de uma *tentativa* (bem longe de ter sucesso) *de assassinato de um poema por seu objeto.*

Posso me submeter a tal contrassenso? Honestamente, acredito que não.

Note que, fora disso, estou de acordo sobre a *marchetaria* (tratando-se de um banheiro, eu teria preferido *mosaico*).

No caso em que você não o tenha lido, anexo o artigo de G. A. em *Le Jour* de quinta-feira última.

F. P.

P.-S. (Duas horas depois.) – Anexo o projeto de resposta. Se você o aprova, ponha-o no correio. Obrigado. Sem esquecer de juntar o artigo do *Memorial* conduzindo a Louis le Cardonnel e Pierre de Nolhac.

Do autor a G. A.

Roanne, 16 de março de 1941

Li seu artigo do *Jour* (chamado assim por antífrase). Sigo você até o momento em que isso se torna (de modo um pouco vago, na minha opinião) positivo.

Primo: Pessoalmente, pense você o que pensar (talvez) e pense o que pensar a maioria das pessoas, creio que sua crítica não me diz respeito *pois não me quero poeta*.

Secundo: Faço questão de que, em todo caso, que cada escritor "digno desse nome" deva escrever *contra* tudo o que foi escrito até ele (*deva*, no sentido de *é forçado a, é obrigado a*) – sobretudo contra todas essas regras existentes. É sempre assim, aliás, que as coisas aconteceram: falo das pessoas que têm temperamento.

É claro, como você bem percebeu, sou ferozmente imbuído de técnica. Mas sou partidário de uma técnica por poeta – e mesmo, no limite, de uma técnica *por poema* – que determinaria seu objeto.

Assim, para *O pinhal*, se me permito de o apresentar assim, é que o pinheiro não é a árvore que fornece, enquanto vivo, *mais lenha morta?* ...

Cúmulo do preciosismo? – Sem dúvida. Mas o que posso fazer? Uma vez que se imaginou esse tipo de dificuldade, a honra quer que não se esquive disso... (e, além disso, é muito divertido).

*

Outra coisa, em relação à sua série de artigos (mas não cabe aqui insistir): parece-me que propor atualmente o que eu chamaria de "medidas de ordem" em poesia, é fazer o jogo daqueles que proclamam: *primo:* "Até agora houve desordem", e *secundo:* "Somos aqueles que põem ordem": o que representa a impostura fundamental de nosso tempo... Não, veja você, em arte (pelo menos), é, deve ser, a revolução, o terror permanentes, e, em crítica, é o momento de se calar, quando não se podem denunciar os falsos valores que pretendem nos impor. A esse respeito, e para mostrar a você *o perigo*, junto um artigo publicado no *Mémorial de Saint-Etienne*[2] no mesmo dia que o seu no *Le Jour*.

Isso posto, você fará com o *Pinhal* exatamente o que lhe parecer melhor. Você sabe, agora, que em meu espírito, não se trata *absolutamente* do nascimento de um poema, mas antes de

---

2 Periódico católico da cidade de Saint-Étienne.

APÊNDICE A "O PEQUENO CADERNO DO PINHAL"

um esforço *contra* a poesia. E não, é claro, em favor do pinhal (eu não sou completamente louco), mas em favor do espírito que pode ganhar com isso alguma lição, e captar algum segredo moral e lógico (de acordo, se você quiser, com a "característica" universal).

F. P.

O Pinhal permaneceu inédito. Mas aqui está ainda um extrato de uma segunda carta enviada pelo autor a G. A., a respeito do "ofício poético":

Roanne, 22 de julho de 1941

... O que você entende então por "ofício poético". Para mim, estou mais convencido que minha questão é mais científica que poética. Trata-se de chegar a fórmulas claras, do gênero: *A malha desfiada acabou com toda a rede. Paciência e tempo demorado,*[3] etc.

Tenho necessidade do magma poético, *mas é para me livrar dele.*

Desejo violentamente (e pacientemente) livrar o espírito disso. É nesse sentido que pretendo estar combatendo nas fileiras do partido das luzes, como se dizia, no grande século (o XVIII). Trata-se, uma vez mais, de colher o fruto proibido, a

---

3 Citação da fábula "O leão e o rato", de La Fontaine.

despeito das potências da sombra, de Deus ignóbil em parti-
cular.

Muito a dizer sobre o obscurantismo que nos ameaça, de
Kierkegaard a Bergson e a Rosenberg...

Não é à toa que a burguesia, em SEU COMBATE no
século XX prega, para nós, o retorno à idade média.

Não tenho *religiöses Gemüt*[4] para aceitar passivamente
tudo isso. Você também não? – Bom...

Fielmente seu,

F. P.

FIM DO APÊNDICE A
"O PEQUENO CADERNO DO PINHAL"

---

4 Mente religiosa, em alemão no original. Expressão de Hegel.

La Mounine
ou
Notas posteriores sobre um céu da Provença

Para Gabriel Audisio

Caderno aberto em Roanne em 3 de maio de 1941

La Mounine

Decididamente, só há luz em Martigues.

Em Port-de-Bouc nenhum cheiro.

O homem de Saint-Dié sentado na minha frente estava irritado com o penacho da locomotiva. Então fiquei também.

Enormes grafites em Marselha e em seu subúrbio.

*

Por volta de nove horas da manhã, no campo de Aix, autoridade terrível dos céus. Valores muito escuros. Menos anil que pétalas de violetas azuis. Anil cendrado. Impressão trágica, quase fúnebre. Urnas, estátuas de *bambini*[1] em certos jardins; fontes com máscaras e volutas em alguns cruzamentos agravam essa impressão, tornam-na ainda mais patética. Há implorações mudas ao céu para se mostrar menos fechado, de soltar algumas gotas de chuva, nas urnas, por exemplo. Nenhuma resposta. É magnífico.

*

---

1 Criança. Em italiano no original. Aqui, no sentido de esculturas de amores, *putti*.

Em Aix, três fontes musgosas cintilam. O musgo está tostado. A água jorra fracamente. Nela brilham tranças moles e moventes.

Há ruas inteiras de palacetes de magistrados. Cenário para *Os requerentes*.[2] Semelhança entre Aix e Caen. A gente se sente em uma dependência da Biblioteca Mazarine.[3] A total ausência de automóveis favoriza naturalmente essa ilusão.

*

Noite de 10 a 11 de maio

Decididamente, a coisa mais importante dessa viagem foi a visão fugitiva do campo na Provença, no vilarejo "Os Três Pombos", ou "La Mounine", durante a subida em automóvel de Marselha a Aix, entre oito e meia e nove horas da manhã (sete e trinta a oito horas no sol).

Campo de vegetação cinzenta, com verde amarelado de esmalte despontando, apesar de tudo, sob um céu de um azul plúmbeo (entre o pervinca e a mina de lápis), de uma imobilidade, de uma autoridade terríveis, e essas urnas, essas estátuas de *bambini*, essas fontes com volutas nos cruzamentos constituindo obras, sinais, traços, provas, indícios, testamentos, legados, heranças, marcas do homem – e súplicas ao céu.

No fundo, os longes de Berre e das Martigues, sem vista do mar mas com vista de um grande viaduto.

---

2 *Les Plaideurs*, farsa de Racine que põe em cena o meio dos tribunais.

3 A mais antiga biblioteca pública de Paris, fundada pelo cardeal Mazarino em 1643.

La Mounine ou Notas posteriores sobre um céu da Provença

Dessa paisagem, eu preciso fazer uma conserva, colocar na água de cal (quer dizer, que eu a isole, não do ar daqui, mas *do tempo*).

Não posso estragá-la. Tenho que mantê-la à luz. Para que eu a mantenha, preciso primeiro captá-la, amarre num buquê que pode ser segurado pela mão e trazer comigo os elementos sadios (imputrescíveis) e verdadeiramente essenciais – que eu a *com-preenda*.

*

(O pintor Chabaud). O que me surpreendeu, é o azul de lavanda, a atmosfera tão "pesada" (não é a palavra), tão fechada sobre a paisagem, cinza e verde-amarelada brotando. Mais de azoto do que de H ou de O? Tão cendrada, plúmbea: que põe tão bem em valor as cores delicadas, como o espelho negro dos pintores.

Isso já era impressionante. Mas à primeira aparição de estátua conforme o andamento do ônibus (urna, *bambino* ou fonte), tornou-se comovente, bonito de chorar, trágico. Portanto, dois tempos: 1º a paisagem, 2º as estátuas.

*

Nada se parece mais com a noite do que esse azul cendrado. É a luz da morte, a luz da eternidade. (Aproximar minha emoção em Biot, 1924.) Há silêncio, mas menos silêncio que ouvidos tapados (tímpano de repente convexo? por mudança de pressão?). Tambor velado, trompetes com surdina, tudo isso naturalmente como nas marchas fúnebres. Alguma coisa de cintilante velado, de radioso velado.

O que é curioso é que a coisa resplendente em questão seja velada pelo próprio excesso de seu esplendor.

*

Nada parece mais com a noite... É dizer demais. Digamos apenas: há alguma coisa da noite, evoca a noite, não é tão diferente da noite, tem um valor de noite, tem os valores da noite, tem o mesmo valor, os mesmos valores que a noite, vale a noite. Esse dia vale a noite, esse dia azul cendrado.

Como um som retumbante nos ensurdece, vela nosso tímpano e então ouvimos apenas como que através as espessuras de véus, de cortiça, de algodão – não seria possível que um sol esplêndido demais numa atmosfera seca demais nos vele os olhos, daí a interposição de véus fúnebres – Não. (Lembro-me de uma manhãzinha com meu pai em Villeneuve-les--Avignon perto do castelo do rei René, um dia que, primeiro, nós tínhamos ido até a estação acompanhar minha mãe. Eu tinha menos de 10 anos. – Esse dia vale a noite, esse dia do rei René. Talvez fosse a primeira vez que eu via o amanhecer. Não, não era mais o amanhecer, mas a plena manhã. – Mas não tinha esse caráter opressivo – opressivo é exagerado.)

(Lembro-me também: "A veneziana azul fechada de um só golpe, há luz no interior".)

*

O céu não passa de uma imensa pétala de violeta azul.

E tudo, lá embaixo, as casas, as estradas, as oliveiras, as árvores verdes, os campos de esmalte, tudo é como brasa de cores variadas, no ponto da brasa cheia de cinza quando se sopra por cima: clarões como que fosforescentes, como de um fogo interior (secreto) que não irradia.

Em certos pontos, a cinza, em outros, a brasa (não é exatamente isso). Não se pode dar esplendor demais a essas coisas da paisagem, conceder esplendor demais. Não, o que era *sobre-tudo*, quase unicamente notável, era o peso de lavanda sobre tudo isso, através dos galhos, em particular etc.

Aliás, a paisagem é cinza, geralmente medíocre, nobremente autenticada (?). É o lugar, é o campo do direito romano, abstrato, individual e social (??). (A lavanda é o perfume que convém à tela limpa.)

*

11 a 12 de maio

No campo da Provença
reina uma pétala de pervinca
Esse dia azul de cinzas vale noite
Que pesa sobre a Provença.

Nos arredores de Aix-en-Provence
Pétalas de violetas azuis
Pervinca ou mina de lápis
Há rosa sob esse azul
Todas as variáveis sendo iguais aliás
Perfeitamente Senhor Chabaud
Viu isso melhor que o Senhor Cézanne

Francis Ponge

Rosa pervinca à mina de lápis
Segura sua sombra esbatida em seu próprio esplendor
A sombra está esbatida no interior dos corpos
Assim a morte em sua mais pura alegria

Pétalas de violetas azuis
Um anil à mina de lápis
aflora nos jardins da Provença
Esse dia azul de cinzas vale noite
O pintor Chabaud bem viu
Sua sombra em seu esplendor
segura esbatida

O dia que luz sobre a Provença
é um anil de grafite
Esse dia azul de cinzas ali vale noite
O pintor Chabaud bem o viu
Sua sombra no seu esplendor
segura esbatida
Toda disseminada.
Tambores velados, trompetes em surdina

Esse dia azul de cinzas ali vale noite
Sua sombra a seu esplendor segura toda esbatida
Luz de dia sobre a Provença
um anil de grafite
Cinzas em vez de gotas são ali disseminadas

La Mounine ou Notas posteriores sobre um céu da Provença

Em vez de um vapor imperceptível uma imperceptível fumaça
(mas estável, sem movimento)
Redes de trevas muito finas estão ali estendidas
Um belo dia é também um meteoro
Ele mantém toda a natureza sob o encanto (o terror) de sua
autoridade.
Todos os corações param de bater. (Só os estúpidos besouros
e os ônibus continuam roncar e a se colidirem.)

Quem não vê aqui que o céu é fechado; a imensidade intersideral é vista aqui pela transparência e é grandiosa (relance sobre o infinito). Só há gases irrespiráveis. Como através de uma água clara os peixes podem perceber sobre eles a atmosfera (ou imaginá-la), nós percebemos o meio etéreo.

Decerto, não tínhamos necessidade disso (de ver tão evidentemente o céu fechado) para julgar que Deus é uma invenção ignóbil, uma insinuação detestável, uma proposta desonesta, uma tentativa infelizmente com sucesso demais de desabamento das consciências humanas – e que os homens que nos inclinam a ele são traidores ou impostores.

Em outros lugares, a natureza respira em direção a céus que cuidam de outra coisa, por exemplo de manobrar as nuvens. Aqui, os céus cuidam decididamente de asfixiar a natureza. É claro, aqui, que a natureza asfixia.

Ela fica quieta sob o céu fechado, tenta pateticamente viver. As urnas, as estátuas se tornam as intérpretes dela, por meio de uma súplica. Mas nenhuma resposta: é esplêndido.

*

12 a 13 de maio

Não conseguirei conquistar essa paisagem, esse céu da Provença? Seria demais! Que trabalho isso me dá! Por momentos, parece-me que não a vi o suficiente, e me digo que precisaria voltar ali, como um paisagista volta para o seu motivo várias vezes.

No entanto, trata-se de alguma coisa simples! No vilarejo "La Mounine", entre Marselha e Aix, em manhã de abril, por volta das oito horas, através dos vidros do ônibus… e então, o que é que eu tenho? Não consigo continuar… O céu sobre jardins (quando eu levantei o olhar para as copas das árvores, e embora ele fosse puro, sem qualquer nuvem) surgiu-me todo mesclado com sombra. Como repreendido… Céu repreendido… Completamente mesclado de sombra e de repreensão (ver também lívido)…[4] Como atingido por uma congestão…

Esse dia vale noite, esse dia azul cinzas ali
Ele segura sua sombra nas garras de seu esplendor
Sua sombra a seu esplendor segura toda esbatida
Ele segura sua sombra em seu esplendor esbatida
Ele pesa sobre a Provença (pesa não é a palavra)
Ele tem sobre ela autoridade de um espelho negro.
Paisagem em geral medíocre

mas { incandescente
{ abrasada

Sua sombra a seu esplendor mesclada como que por um esbatimento.

*

---

4 Aqui, trocadilho entre *blâme* (repreensão, censura) e *blême* (lívido).

La Mounine ou Notas posteriores sobre um céu da Provença

– A mais fluida das tintas para estilo[5] é de fato a azul negra?

*

Anil de grafite
esse gás pesado resulta numa redoma
de uma explosão de pétalas de violetas azuis.

Esse dia vale a noite, esse dia azul cendrado.
Sua sombra cabe toda nas garras de seu esplendor
Um esbatimento os mesclou.

Há sobre a Provença
– paisagem geralmente medíocre mas incandescente –
a autoridade do espelho negro dos pintores.

E já que falamos de pintores
digamos que o Senhor Chabaud, todas as variáveis sendo
iguais aliás,
viu isso melhor que o grande Cézanne.

Traduziu melhor essa trágica permanência,
esse trágico entintar da situação.

Que polvo suspirou sua inveja aos céus?
Grande coração, se debruçou?

---

5 Ponge emprega *style*, que quer dizer "estilo". Teria sido um trocadilho, para *stylo*, que quer dizer "caneta"?

Que conta gotas esvaziou seu grande coração?

Um polvo recuou
nos céus da Provença?
Ou o ar é aqui resultado
da explosão numa redoma
de uma pétala de violeta azul?

*

Esse dia vale noite, esse dia azul cinzas ali
Ele segura sua sombra nas (garras de) seu esplendor
As têmporas das casas também estão apertadas
Congestão do anil
Aquele grande coração de polvo recuando no céu
se esvaziou, provocando esse trágico
entintar da situação?

Oclusão, congestão, síncope.

*

O tempo é aquele que as cores levaram para "desbotar".
Sob o esforço da luz.
O coração está apertado pela angústia da eternidade
e da morte
Ele para de bater (não, ruim)
Paralisia, síncope?
Imobilidade
Silêncio.
Fosforescência primaveril

La Mounine ou Notas posteriores sobre um céu da Provença

Contração da paisagem geralmente medíocre.

*

Blême [lívido]: muito pálido, mais do que pálido (*?*). Etim.: do antigo escandinavo *blâmi*, cor azul, de *blâ*, *bleu* [azul] (ver Bleu).

Blâme [repreensão]: 1º Expressão da opinião, do julgamento pelo qual encontramos algo de ruim nas pessoas ou nas coisas. 2º Reproche, mancha (de *blasphemare*).

Congestão: de *congênere*: amontoar.

Esbater: do latim *ex-battere*, dar pancadas em.[6]

Incandescência: ficar branco.[7] *Luminescência*: não existe no *Littré*.[8]

*

10 de junho

Perguntei-me esta noite, quando estava ainda meio dormindo (agora estou três quartos):

1º Se não seria mais "fiel" escrever a partir do ônibus em que me encontrava quando senti essa paisagem (mais fiel e mais exitosa...).

2º Mais tarde... mas era um sonho? isso me foge!... senti

---

6 No original: *Estompé*: de *Stumpf*, embotado.

7 A definição do *Littré* é: "Estado de um corpo aquecido até se tornar branco e luminoso." Definição do *Michaelis*: "Emissão de radiação luminosa ou visível por parte de um corpo aquecido." Definição do *Aulete*: "Emissão de radiação luminosa a partir de um corpo aquecido: a incandescência da lâmpada elétrica."

8 Mas existe em dicionários recentes, tanto brasileiros quanto franceses (*luminescence*). O *Dictionnaire de la langue française* ("Le Littré") data de 1863-1873.

muito fortemente a dificuldade do tema, meu mérito, e as poucas chances que possuo de ter êxito em tratá-lo.

*

10 a 30 de junho de 1941

Este estudo deveria ser muito longo ainda (ele pode, de qualquer maneira, durar anos…), nunca me deixar levar pelo esquecimento do que se trata para mim, simplesmente – de dar conta:

1º O ônibus avançava (cinemática):

2º A autoridade do céu sobre a paisagem

a) o céu

b) a paisagem

me tinha fortemente surpreendido, comovido, intrigado.

3º Quando apareceram as estátuas, as urnas, minha emoção de repente foi decuplada: houve soluço.

*

O ônibus (autocarro) – (autocarro de Marselha a Aix)[9] (no vilarejo "La Mounine", ou no dos "Três Pombos", ou no

---

9 Em francês há uma diferença entre *autocar*: "Grande veículo, automotivo para o transporte coletivo de pessoas (fora das cidades)" (*Robert*) e *autobus*: "Veículo automotivo para o transporte público de passageiros nas cidades (diferente do ônibus de viagem)" (*Robert*). Essa distinção não ocorre em português, embora existam as duas palavras: "ônibus" e "autocarro", mais usada em Portugal. Servi-me dessas duas para resolver o problema de tradução. No uso corrente, em francês, porém, há uma tolerância que por vezes diminui o rigor dessa distinção. Por isso, Ponge empregou *autobus* até o presente momento, mesmo que se tratasse de um transporte de Marselha a Aix.

dos "Frères Gris")[10] avançava (bem lentamente é verdade, aquilo subia).

Eu me apoiava no vidro (fechado) pressionado, passando despercebido (despercebido de mim mesmo (?)). A hora importa: oito horas da manhã, fim de abril.

... *Mas* (para dizer a verdade) o avanço do ônibus só me foi sensível no momento em que as estátuas, as urnas, apareceram.

Talvez eu devesse então interverter 1º e 2º – Sim, é preciso.

Indispensável também aproximar isso de minha emoção em Biot e daquela em Craponne-sur-Arzon (soluços). Talvez daquela do Vieux-Colombier[11] (ou à leitura) quando o *stárietz* Zossima se ajoelha diante de Dimitri Karamazov; e ainda em *Os miseráveis* quando monsenhor Fulano[12] se ajoelha diante do velho membro da Convenção (talvez mas não seguro). – Estes dois últimos soluços, foi diante da reviravolta dramática da justiça feita, reparação dada. – Os outros, foi diante do trágico das paisagens, da fatalidade natural (meteorológica) (notar que sempre *os céus*[13]) (e também sempre a cinemática; em Biot o trem expresso; mudança brusca de cenário; em Craponne foi voltando na moto).

---

10 Irmãos cinzentos: referência aos Penitentes Cinzentos, que denominam o local.

11 Referência a uma adaptação de Jean Copeau para o teatro de *Os irmãos Karamazov*, de Dostoiévski.

12 Bispo Miryel, personagem de Victor Hugo.

13 Ponge faz um lembrete para si mesmo: em francês existem dois plurais para céu: *cieux* e *ciels*. *Ciels* é talvez mais poético (como Baudelaire emprega em "O convite à viagem": *De ces ciels brouillés*, desses céus turvos). Ponge nota que deve escrever *ciels*, e não *cieux*.

Em Craponne havia algo humano, como em La Mounine (aqui estátuas e urnas, lá campanários e torres de castelos, e tetos de aldeias). Em Biot, não, era tudo "natural": só o mar.

A visão de um Cézanne um dia (*Os jogadores de cartas?*): nobreza do esforço compensando a falta de meios (?); e modéstia certa.

A modéstia das estátuas (de *bambini*) e das urnas contribuiu, no mesmo sentido, para muita coisa.

*

De 1º a 12 de julho de 1941

A que horas – muito matinal – foi dada a grande pancada no gongo?

Da qual toda a atmosfera vibra ainda (já sem que som algum se faça ouvir) e vibrará durante o dia inteiro?

O sol domina – sobre quem é impossível manter o olhar – e seus tamborileiros[14] o cercam, com os braços levantados sobre a cabeça.

Mas não! Tudo isso é apagado pelo próprio ardor. Seria possível jurar – de memória – que só existia o céu azul, certamente mais vazio do que o céu noturno.

Que autoridade, que punho irresistível se abateu sobre a chapa noturna para despertar as vibrações do dia, que durará até que elas voltem a adormecer?

---

14 *Tambourinaire*, no original, palavra de origem provençal, tocador de *tambourin* da Provença.

Notas posteriores sobre um céu da Provença

Que polvo recuando no céu da Provença provocou esse trágico entintar da situação? Mas não! Trata-se de um gás pesado e não de um líquido. Alguma coisa como o resultado da explosão numa redoma de um bilhão de pétalas de violetas azuis.

Há como que cinzas esparsas no anil, e também um cheiro comparável ao da pólvora.

É como se o dia estivesse velado pelo próprio excesso de seu esplendor. Esse dia vale noite esse dia azul cendrado. Ele segura sua sombra esbatida em seu esplendor. Ele segura sua sombra nas garras de seu esplendor.

Um soco irresistível foi abatido sobre a chapa da noite, até que ela *vibrasse* branca. Bem cedo esta manhã. E as vibrações vão se amplificando até meio-dia.

Fora essas vibrações reina uma imobilidade, uma estupefação semelhante àquela que sucede aos tiros, aos atos irreparáveis, aos crimes. – Eis como eu chego às expressões habituais sobre a maldição do anil: "Sou perseguido! O anil, o anil, o anil!". O que houve? Por que essa autoridade terrível dos céus sobre essa paisagem tão simples, essa paisagem cartorial, essa paisagem de direito romano?

Por que essa severidade, essa punição pela intensidade da luz, infligindo sombra nítida ao menor caco, aos menores "ninhos" da poeira?

Por que essa sufocação, essa brutalidade, esses valores escuros? É o preço do tempo bom?

Todos os bichos sob os *sunlights*[15] entraram em seus buracos. Só as pedras e os vegetais suportam, permanecem como presas da luz terrível.

E de repente com algumas estátuas se revela a preocupação do homem. Ele expõe essas estátuas ao sol, ele as presenteia, oferece-as a ele, num sentido também as opõe a ele. Acaba de dispô-las diante dele, como um artesão, como um padeiro oferece sobre a placa de um forno seu pão ao fogo...

Tais meteoros não estão entre os mais fáceis de descrever.

Cada coisa está como à beira de um precipício. Está à beira de uma sombra, tão nítida e tão negra que parece cavar o solo. Cada coisa está à beira de *seu* precipício – como uma bola de bilhar à beira de sua caçapa.

Notas posteriores sobre um céu da Provença

12 de julho de 1941

A mais fluida das tintas para estilo é de fato a azul negra? Anil de mina de lápis: que polvo recuando no fundo do céu da Provença provocou esse trágico tingir da situação?

Ou se trata gota a gota de uma infusão do veneno que começa como céu e que termina como anilado?

Trata-se de uma congestão. (Tanto de anil se amontoou.)

As casas, as telhas apertadas, deixam fechadas suas pálpebras... As árvores ficam com dor de cabeça: evi-

---

15 Luz do sol, em inglês no original.

tam mexer a menor das folhinhas. Não! Trata-se da explosão numa redoma de um bilhão de pétalas de violetas azuis.

Roanne, 13 de julho de 1941

No vilarejo "La Mounine" entre Marselha e Aix por uma manhã de abril por volta de oito horas pelo vidro do ônibus o céu embora límpido sobre os jardins me pareceu todo mesclado de sombra.

Que polvo recuando fora do céu da Provença tinha provocado esse trágico entintar da situação?

Ou não seria antes alguma coisa como o resultado da explosão numa redoma de um bilhão de pétalas de violetas azuis?

Havia como que uma disseminação de cinzas no anil, e não estou seguro de que o cheiro não fosse comparável ao da pólvora.

Sentia-se como uma congestão do anil. As casas com as têmporas apertadas mantinham as pálpebras fechadas. As árvores tinham o ar de estarem com dores de cabeça: evitavam mexer a melhor folhinha.

Era como se o dia estivesse velado pelo próprio excesso de seu esplendor. Esse dia vale noite, pensava, esse dia azul de cinzas. Ele segura sua sombra nas garras de seu esplendor. Sua sombra ao seu esplendor segura toda esbatida.

De onde vem esta autoridade terrível dos céus? Que soco foi dado sobre a chapa da noite para a fazer vibrar assim, tornar-se tão radiosa, de vibrações que se amplificarão até o meio-dia?

E como pode reinar uma tal imobilidade, semelhante à espera que sucede tão curiosamente aos atos decisivos, aos tiros, aos estupros, aos assassinatos?

Por que essa severidade sobre essa paisagem tão geralmente medíocre, essa paisagem cartorial, essa paisagem de direito romano?

Por que essa prostração patética? Seria o custo do dia bonito? Um dia bonito é também um meteoro, o menos fácil de descrever, sem dúvida…

Roanne, 14 de julho de 1941

No vilarejo "La Mounine" perto de Aix-en-Provence manhãzinha de primavera o céu no entanto límpido através das folhagens apareceu-me todo mesclado de sombra.

Não creio que a noite rancorosa, para vingar seu recuo sobre essas regiões, tenha esvaziado sua tinta de estilo a azul negro seu grande coração de polvo para nos prejudicar.

Não creio a noite polvo tão rancoroso por seu recuo atrás do horizonte ter querido de tinta para estilo azul negro esvaziar seu coração nessa ocasião.

Não creio a noite tão rancorosa
De ter querido polvo nessa ocasião
Esvaziar seu coração de uma torrente de tinta azul negra
Não creio a noite tão rancorosa
que recuando atrás do horizonte

ela tenha querido esvaziar a tinta para estilo azul negro seu coração de polvo nessa ocasião.

Nota (moção) de ordem a propósito do céu da Provença

19 de julho de 1941

Trata-se de bem *descrever* esse céu tal como ele me apareceu e me impressionou tão profundamente.

Dessa descrição, ou na sequência dela, surgirá em termos simples a *explicação* de minha profunda emoção.

Se eu fui tão afetado, é que se tratava sem dúvida da revelação sob essa forma de uma lei estética e moral importante.

Pela intensidade de minha emoção, pela tenacidade de meu esforço para dar conta disso e pelos escrúpulos que me proíbem de atabalhoar sua descrição, avalio o interesse dessa lei.

Extraí essa lei, essa *lição* (La Fontaine teria dito essa moral). Pode ser também uma lei científica, um teorema.

... Portanto, na origem, um soluço, uma emoção sem causa aparente (o sentimento do *belo* não basta para explicar. Por que esse sentimento? *Belo* é uma palavra que substitui uma outra).

Trata-se de esclarecer isso, de lançar luz ali, de extrair as razões (de minha emoção e a lei (dessa paisagem)), de fazer essa paisagem *servir* para alguma coisa além do soluço estético, de fazer que ele se transforme numa ferramenta moral, lógica, de fazer o espírito dar um passo em relação a ele.

{151}

Toda minha posição filosófica e poética está nesse problema.

Notar que sinto as maiores dificuldades pelo fato de que um número enorme de imagens vem se pôr à minha disposição (e mascarar, pôr máscaras, na realidade), por causa da originalidade de meu ponto de vista (estranheza seria melhor) – de meus escrúpulos excessivos (protestantes) –, de minha ambição desmedida etc.

Bem insistir que todo o segredo da vitória está na exatidão escrupulosa da descrição: "Fiquei impressionado por *isto* e por *aquilo*": é preciso não abrir mão, nada arranjar, agir verdadeiramente cientificamente.

Trata-se mais uma vez de colher (na árvore da ciência) o fruto proibido, a despeito dos poderes das sombras que nos dominam, ao Sr. Deus em particular.

Trata-se de militar ativamente (modestamente mais eficazmente) pelas "luzes" e contra o obscurantismo – esse obscurantismo que ameaça novamente nos submergir no século XX por causa do retorno à barbárie desejado pela burguesia como único meio de salvar seus privilégios.

*

(Pode-se, para captar a qualidade de uma coisa, se não podemos apreendê-la à primeira tentativa, fazê-la aparecer por comparação, por eliminações sucessivas: "Não é isto, não é aquilo etc." – questão metatécnica, ou técnica simplesmente.)

19 de julho de 1941

La Mounine ou Notas posteriores sobre um céu da Provença

Quando G. A. a respeito do "Pequeno caderno do pinhal" me escrevia recentemente: "A conclusão de seus esforços arrisca demais de ser uma perfeição quase científica que, de tanto ter sido purificada, tende à combinação de materiais intercambiáveis. Cada coisa em si, rigorosamente específica e concretizada é excelente. O total se torna uma marchetaria", ele tocava o fundo do debate. Sim, eu me quero menos poeta do que "pesquisador". – Desejo menos chegar a um poema do que a uma fórmula, que a uma clarificação de impressões. Se é possível fundar uma ciência cuja matéria seriam as impressões estéticas, eu quero ser o homem dessa ciência.

"Esticar-se no chão", eu escrevia há quinze anos, "e retomar tudo desde o começo." – Nem um tratado científico, nem a enciclopédia, nem *Littré*: alguma coisa de mais e de menos... e o meio de evitar a marchetaria será de não publicar apenas a fórmula à qual foi possível acreditarmos ter concluído, mas de publicar a história completa de nossas buscas, o diário de nossa exploração...

E mais longe Audisio me dizia ainda:

"Acredito que o artista não pode pretender mais do que eternizar o momento conjunto da coisa e dele."

Ora, caro Audisio, quando a respeito de um leão capturado por uma rede e de um rato que o liberta, La Fontaine chega a isto:

A malha desfiada acabou com toda a rede.

. . . .

Paciência e tempo demorado
Obram melhor que a força e que a raiva.

onde nisso está La Fontaine, onde está o momento conjunto do leão e do rato com ele? Não há ali uma perfeição quase científica, um nascimento de fórmula? Há aí a verdade de um ato do leão: força e raiva travados, e de um ato do rato: a malha roída... Sempre temos necessidade de alguém menor do que nós. – É a provérbios assim que eu gostaria de chegar. Minha quimera seria antes de não ter outro tema além do próprio leão. Como se La Fontaine em vez de fazer sucessivamente: *O leão e o rato, O leão velho, Os animais enfermos da peste* etc., tivesse feito apenas uma fábula sobre *O leão*. Teria sido muito mais difícil. Uma fábula que oferecesse a qualidade do leão. Como Teofrasto e seus *Caracteres*.

*

Três leituras importantes há alguns dias pareceram-me responder de maneira espantosa a minhas preocupações: a) *O obscurantismo do século XX*, de uma revista clandestina – a respeito do discurso de Rosenberg no Palais-Bourbon;[16] b) *A lição de Ribérac* por Aragon em *Fontaine*, nº 14;[17] c) *Vigilantis narrare somnia* de Caillois em *Cahiers du Sud*, número de junho de 1941.[18]

---

16 Edifício que abriga a Assembleia Nacional da França. O artigo "L'Obscurantisme au XXᵉ siècle" foi escrito por Georges Politzer sob o pseudônimo de Rameau, no número 1 da revista *La Pensée Libre*, fevereiro de 1941.

17 Louis Aragon, "La leçon de Ribérac ou l'Europe française", na revista *Fontaine* (publicada em Argel), n.14, 1941.

18 "Os vigilantes contam os sonhos" (em latim no original), de Roger Caillois.

La Mounine ou Notas posteriores sobre um céu da Provença

O primeiro texto, inteiramente convincente, me confirma em minha vontade de lutar pelas luzes, assegura a urgência de minha missão (?) e me obriga a repensar o problema da relação entre minhas posições estética e política. O segundo me traz também várias confirmações: a linguagem fechada preparando a aquiescência vulgar (não é exatamente isso). O terceiro, bastante falso em sua eloquência, bastante convencional apesar de sua pretensão, me mostra com quais escrúpulos e ao mesmo tempo com quais audácias constantemente reacidificadas seria preciso tocar nesse tipo de problemas. E quando (quarto texto importante, quinto contando com o de Audisio) Pia[19] me escreve: "o café, o resíduo do pó, o coador, a água que ferve etc." vejo bem que: SIM, é interessante mostrar o processo de "meu pensamento". Mas isso não quer dizer que seja preciso sob esse pretexto me soltar, pois isso iria de encontro ao meu propósito. – Mas é muito legítimo ao sábio descrever sua descoberta pelo detalhe, contar suas experiências etc.

*

Roanne, 19 a 28 de julho

(É tempo de voltar a isso!)
No vilarejo "La Mounine" perto de Aix-en-Provence
Manhã de abril lá pelas oito
O céu no entanto límpido através das folhas
Surgiu para mim todo mesclado de sombra

---

19 Pascal Pia, escritor e jornalista francês.

Um belo dia é também um meteoro, pensei, e não sosseguei enquanto não inventei alguma expressão para fixá-lo:

Acreditei de início (não era absolutamente) que a noite rancorosa
Para vingar seu recuo sobre essas regiões
Tinha querido esvaziar a tinta para estilo azul negro
Seu coração de polvo nessa ocasião.
Ou talvez disse comigo (não era absolutamente) infundido gota à gota
Trata-se do veneno cujo nome que tememos
Estranhamente próximo de sua cor
Começa como céu e termina como anilado.[20]

*

Se digo "velados por seu próprio esplendor" não terei avançado muito.

Talvez o céu só é assim tão negro em comparação com as coisas: árvores, casas etc., as quais são tão iluminadas, armazéns de clareza!

Como quando saímos de uma sala brilhante, fora é noite…
…
Comparação com o céu do Norte.

25 de julho de 1941, 1h30 da manhã

---

20 Cianeto.

{156}

Um passo novo.

Como um mata-borrão, um pano de chão impregnados de água são mais escuros (por quê? será que a ciência ótica dá a resposta?) do que quando secos (secos, eles são 1º mais quebradiços, 2º mais pálidos), assim o céu azul é um mata--borrão impregnado da noite interestelar.

Mais ou menos impregnado, ele é mais ou menos escuro: em Aix-en-Provence ele é muito impregnado (porque não há muita coisa entre os espaços interestelares e ele).

No Sul há muito sol, como se sabe, mas há também bastante (concomitante) noite interestelar.

Eles lutam um contra o outro (no sentido em que Verlaine diz: "os saltos altos lutavam com as longas saias").

Podemos dizer que no Sul o sol triunfa menos que no Norte: claro, ele triunfa mais das nuvens, brumas etc., mas triunfa menos do que seu adversário principal: a noite interestelar.

Por quê? Porque ele seca o vapor de água, o qual constituía na atmosfera o melhor para-vento de triunfo para ele. Resguardo cuja ausência vai se fazer sentir: resulta uma transparência maior e a faculdade de impregnação pelo éter intersideral.

É a noite intersideral que, nos belos dias, vemos por transparência, e que torna tão escuro o anil dos céus meridionais.

Explicar isso por analogia com o meio marinho (ou antes aquático).

29 de julho a 5 de agosto

FRANCIS PONGE

No vilarejo "La Mounine" perto de Aix-en-Provence
Manhã de abril lá pelas oito
O céu no entanto límpido através das folhagens
Surgiu para mim todo mesclado de sombra

Formei primeiro que a noite rancorosa...

*

La Mounine

a) A estrofe I
b) depois:

No momento fiquei todo estúpido
Um belo dia é também um meteoro, pensei,
Nenhuma expressão me veio ao espírito
Eu sofria o efeito desse meteoro
Como um desânimo, como uma danação
Experimentava o sentimento do trágico
Da implacabilidade.
Ao mesmo tempo – sem dúvida por espírito convencional –
achava aquilo bonito.
Opresso pela intensidade do fenômeno
Cada vez que eu levantava os olhos
constatava de novo essa sombra misturada com a luz do dia
essa censura

c) depois:

foi nesse momento que as estátuas apareceram e que eu fui surpreendido por
um soluço;

{158}

o elemento humano introduzido pelas estátuas
me parecendo de um caráter lancinante.

d) Fiquei opresso depois fui distraído por outras impressões: a chegada a Aix, os acontecimentos que se seguiram etc.

e) Mas eu devia evidentemente me lembrar de minha emoção. Aí bem está um assunto de poema, o que me empurra para escrever: seja o desejo de reformar o quadro para conservar para sempre o gozo presuntivo, seja o desejo de compreender a causa de minha emoção, de analisá-la.

f) Tendo começado o trabalho senti grandes dificuldades e formei várias imagens coerentes: a do polvo, a do cianeto, a da explosão de pétala,

g) sabendo bem que era preciso que eu os ultrapassasse, me livrasse para chegar à explicação verdadeira (?), a da clareira abrindo para a noite intersideral.

*

O abismo superior (zenital). O sol é feito para nos cegar, ele transforma o céu em um vidro fosco através do qual não se vê mais a realidade; aquela que aparece à noite, aquela da "consideração".

Mas em certas regiões a transparência, a tranquilidade (serenidade) da atmosfera é tal que a presença desse abismo é sensível mesmo em pleno dia. É o caso da Provença. O céu sobre a Provença apresenta constantemente uma clareira, como uma abertura de vidro claro num lampadário fosco.

Decerto o sol impede que se vejam estrelas em pleno dia, mas adivinha-se a noite intersideral, que escurece o céu, que lhe dá essa aparência plúmbea.

Se gostamos tanto de ir para essa região mediterrânea é por causa disso, para gozar da noite em pleno dia e sob o sol, para gozar desse casamento do dia e da noite, dessa presença constante do infinito intersideral que concede sua gravidade à existência humana. Aliança de preferência a casamento. Aqui nada de ilusões como no Norte, nada de distração para a fantasmagoria das nuvens. Aqui tudo se passa sob o olhar da eternidade temporal e do infinito espacial.

Tudo toma portanto seu caráter eterno, sua gravidade.

Acontecimentos como um céu nublado, uma borrasca, uma tempestade, me parecem de uma ordem sórdida: são trabalhos de lavanderia, lavagem terrestre. Gosto das regiões em que essa hidroterapia fastidiosa ocorre o menos frequentemente possível, produz-se brevemente.

A borrasca, enquanto ducha, o sol em seguida enquanto secador, de verdade caro Beethoven valia a pena fazer representações grandiosas disso? Ver em vez disso a borrasca de Leonardo da Vinci, onde a importância de um tal meteoro é perfeitamente posta no seu lugar.

*

É no sentido que precede que deveria ser continuado e terminado o poema cujo *início* seria mais ou menos como o que vai aqui:

La Mounine

No vilarejo "La Mounine" perto de Aix-en-Provence
Manhã de abril lá pelas oito

La Mounine ou Notas posteriores sobre um céu da Provença

O céu no entanto límpido através das folhas
Surgiu para mim todo mesclado de sombra

Diríamos que a noite rancorosa
Para vingar seu recuo sobre essas regiões
Tinha querido esvaziar a tinta para estilo azul negro
Seu coração de polvo nessa ocasião

Ou talvez disse a mim mesmo infundido gota a gota
Trata-se do veneno cujo nome que tememos
Começa como céu e termina como anilado

Mas não! A atmosfera era tal
Que não posso com alguma razão
Esperar que eu veja fornecido pelo elemento líquido
Um termo de comparação

Trata-se de um gás pesado ou de uma congestão
Ou então do resultado como da explosão
Em redoma de um bilhão ou de uma única
Pétala de violetas azuis...

Etc. . . . .

Mas importa agora deixar nosso espírito repousar, que ele esqueça isso, cuide de outras coisas, e entretanto se nutra longamente, por bocadinhos – na espessura mucosa, na polpa – dessa verdade da qual nós mal acabamos de entalhar a casca.

Um dia, daqui a alguns meses ou alguns anos, essa verdade nas profundezas de nosso espírito tendo se tornado habitual, evidente – talvez por ocasião da releitura das páginas desajeitadas e esforçadas que precedem ou então por ocasião de uma nova contemplação de um céu da Provença –, escreverei num jato simples e direto esse *Poema posterior sobre um céu da Provença* que prometia o título deste caderno, mas que – paixão viva demais, doença, escrúpulos – não pudemos ainda oferecer-nos.

Roanne, maio-agosto de 1941

SOBRE O LIVRO

Formato: 13,7 x 21 cm
Mancha: 24,6 x 38,4 paicas
Tipologia: Adobe Jenson Regular 13/17
Papel: Off-white 80 g/m² (miolo)
Cartão Triplex 250 g/m² (capa)
1ª edição Editora Unesp: 2024

EQUIPE DE REALIZAÇÃO

Edição de texto
Thomaz Kawauche (Copidesque)
Tulio Kawata (Revisão)

Capa
Negrito Editorial

Editoração eletrônica
Erick Abreu

Assistente de produção
Erick Abreu

Assistência editorial
Alberto Bononi
Gabriel Joppert

Rua Xavier Curado, 388 • Ipiranga - SP • 04210 100
Tel.: (11) 2063 7000
rettec@rettec.com.br • www.rettec.com.br